中公新書 2266

板橋拓己著

アデナウアー

現代ドイツを創った政治家

中央公論新社刊

はじめに

一九三三年、ドイツは、四三歳の若くて威勢はよいが、いささか神経質な一人の男の手に委ねられた。その男が統治した一二年間で、ドイツは大戦に突き進み、世界を惨禍に巻き込みながら、自らも破滅した。

一九四九年、大戦で廃墟と化し、占領と分断を経たドイツの運命は、今度は七三歳の「老人」に託された。その男が統治した一四年間で、ドイツの西半分は復興し、まがりなりにも自由民主主義体制を整え、かつての敵国とも緊密に結ばれた。

この二人の「宰相」の対比は、ドイツでしばしば語られるものである。前者はもちろん、ナチ党党首にして第三帝国の指導者アドルフ・ヒトラー（一八八九～一九四五）、そして後者が、本書の主人公であるドイツ連邦共和国（西ドイツ）初代首相コンラート・アデナウアー（一八七六～一九六七）である。両者は、年齢（アデナウアーのほうがヒトラーよりも一三歳年上）や出身地（ヒトラーはオーストリア＝ハンガリー帝国のブラウナウ生まれ、アデナウアーはライン川中流の都市ケルン生まれ）をはじめ、来歴からしても実に対照的だが、やはり現代における公的なイメージが決定的に異なる。

つまり、右の通俗的なストーリーにあるように、ナチ体制の独裁者ヒトラーはドイツ史の「破滅」や「罪」のシンボルとして記憶される一方、連邦共和国の「国父」と呼ばれるアデナウアーは戦後ドイツの「復興」や「繁栄」のシンボルだからだ。

二〇世紀ドイツを代表する歴史ジャーナリストで、いまでもそのドイツ近現代史論が世界各国で高い人気を博しているセバスチャン・ハフナー（一九〇七～九九）は、ヒトラーを徹底的に破壊者として描く一方（邦訳『ヒトラーとは何か』）、アデナウアーを「奇跡の老人」として褒めちぎっている（邦訳『ドイツ現代史の正しい見方』）。もちろん、こうした単純なイメージを排して対象に向き合うことが重要なのだが、ここで確認しておきたいのは、この二人こそ、激動の二〇世紀ドイツ史を象徴する政治家と見なされてきたということである。

とはいえ、悪名高きヒトラーに比して、アデナウアーは日本では知名度が低い。ここで簡単に経歴を紹介すると、アデナウアーは、成立まもないドイツ帝国（第二帝政）に生まれ、第一次世界大戦中にケルン市長に就任し、ヴァイマル共和国の全期にわたってこのプロイセン第二の都市の首長として活躍した。そして、ナチ体制による迫害を経験したのち、連合国の占領下でキリスト教民主同盟（ＣＤＵ）の指導者となり、冷戦のなかで成立した西ドイツの初代首相にまで登りつめ、以後その座を一九六三年（八七歳！）まで守り続けた人物である。

このように、経歴からしてドイツ現代史におけるアデナウアーの重要性は明らかだが、いまやその名は日本では忘れ去られてしまった感がある。では現代ドイツではどうだろうか。一九九〇年の東西ドイツ統一から二〇年余りを経て、ドイツでも自国の歴史への関心が薄れているのは否めない。だがそれでも、いまだ「アデナウアー」という名前には重みがある。

アレンスバッハ研究所という有名なドイツの世論調査機関が、一九五〇年から九三年まで「最もドイツに貢献した偉大なドイツ人は誰だと思うか？」というアンケートをとっていた。

K・アデナウアー（1876～1967）

そこでアデナウアーは、首相在任一〇年目にあたる一九五八年以来、一貫して一位だった（それ以前の一位はビスマルクだった）。ベルリンの壁が崩れる一九八九年には、二位のビスマルクの八％を大きく引き離して、三分の一の人がアデナウアーの名前を挙げている。このようにアデナウアーは、首相在任中からずっと「最もドイツに貢献した偉大なドイツ人」であると西ドイツ国民に見なされていた。

こうした評価は、東西統一後も揺らいでいない。二一世紀を迎えた後、ドイツ第二テレビ（ZDF）の「わたしたちのベスト（Unsere Besten）」という視聴者参加型ランキング番組の第一回放送（二〇〇三年一一月二八日）で、「最も偉大なドイツ人」の順位を決めようとしたことがあった。これは、放送の約三ヵ月前から郵便やインターネットなどで約一八二万人にアンケートをとった大掛かりな催しである。

結果、マルティン・ルターやカール・マルクスを退け、一位はアデナウアーであった。政治家では他に、東方政策を推進した西独首相ヴィリー・ブラント（一九一三～九二、在任一九六九～七四）が五位、ビスマルクが九位につけている。

さらに、ベルリンの壁が崩壊して二〇年が経った二〇〇九年、「これまでで最も重要だった連邦首相は誰だと思うか？」というあらためてアレンスバッハ研究所が行った調査でも、旧東ドイツ地域ではブラントや統一時の首相ヘルムート・コール（一九三〇～、在任一九八二～九八）が上回ったものの、全体としてはアデナウアーが最も多かった。

では、アデナウアーの何が評価されているのだろうか。先の三種の世論調査からはその理由まではわからないが、前述のように、アデナウアーという名前が「建国」や「復興」「繁栄」というイメージに結びついているからだろう。当初は敗戦国として主権も奪われていた西ドイツは、アデナウアーの首相在任中に、「経済の奇跡」を起こし、「繁栄」を享受するまでにいたり、さらに国際社会にも復帰することができた。アデナウアーが首相を辞任して二ヵ月経った一九六三年一二月に、アレンスバッハ研究所が「この一〇〇年でドイツにとって最良であったのはいつの時代か？」というアンケートをとったとき、実に回答者の三分の二が「現在」と答えられるようになったのである。

このようにアデナウアーは、ドイツ連邦共和国を西側世界に結びつけることで国際社会に復帰させせつつ、経済成長を成し遂げた初代首相として記憶されている。きわめて乱暴に言えば、戦後日本における吉田茂、鳩山一郎、岸信介、池田勇人らの役回りをすべて担ったような存在なのである。しかし、こうしたイメージは概ね誤ってはいないものの、もちろん歴史的実像はより複雑である。たとえば、西ドイツの経済成長をアデナウアーの業績とするかについては議論がある。実に、何をもってアデナウアーの貢献とするかには、ドイツの学界でも喧《かまびす》しい論争が続けられている。

本書は、九一年間を生きたアデナウアーの伝記というかたちで、第二帝政からヴァイマル共和政、そしてナチ体制、敗戦、占領、分断、さらには西ドイツの復興という、一〇〇年近くに及ぶ激動のドイツ史の一片を伝えようとするものである。

より具体的に言えば、序章で論じるように、自由民主主義体制の定着と「西側結合」路線への決断という二点を軸にして「西欧化」していくドイツの歴史を、アデナウアーという人物の生涯を通してたどっていく。

アデナウアーが礎石を据えたドイツの「西欧化」という方向性は、現在の統合ヨーロッパと結びついた統一ドイツにも継承されている。その意味で、本書は現在のドイツやヨーロッパを考える一助にもなるだろう。

これまでの日本のドイツ研究では、保守のアデナウアーは「復古」や「反動」、あるいは「教権主義」の権化として片付けられることが多かった。この点は、戦後ドイツ史が歴史学の対象となって久しい現在でも基本的に変わりはない。

たしかに、「復古」や「反動」という評価を下されても仕方のない側面がアデナウアーの政治にはある。しかし、だからといって論ずるに値しないということにはならない。そのドイツ政治に対する影響力を考えるなら、これまでの日本の学界におけるアデナウアーへの関心は不当に低かったとさえ言える。こうした日本の研究状況に鑑み、本書はアデナウアーを正面から論じていきたい。

目次

アデナウアー

現代ドイツを創った政治家

序章　ドイツとアデナウアー――「西欧化」の推進者

アデナウアーの首相在任期間をドイツ史学では「アデナウアー時代」と言う。このアデナウアー時代は近現代ドイツ史における大きな転換点をなしており、その遺産は現在の統一ドイツをも規定している。政治学者クルト・ゾントハイマー（一九二八～二〇〇五）によれば、「こんにちの連邦共和国の政治的・経済的・文化的基盤が創り出された」時代だという。

この転換や基盤創出の意味内容を一言で表すならば、それはドイツの「西欧化（westernization / Westernisierung）」である。この場合の「西欧」とは、イギリスやフランスのような現実のある特定の国を指すのではなく、一つの価値共同体としての「西欧」である。そして、この「西欧化」は次の二点によって規定される。

第一は、内政における自由民主主義体制の定着である。

興味深いことに、ドイツ史上初の民主主義体制であったヴァイマル共和国の存続期間と、アデナウアーの首相在任期間は、同じ一四年間である。周知の通り、当時世界で最も先進的な民主憲法を備えていたヴァイマル共和国は、世界恐慌のなか左右の反体制勢力の挟撃に合い崩壊した。第二次世界大戦後のドイツ連邦共和国の憲法にあたる基本法は、このヴァイマル共和国の反省、特にその人民投票的民主主義や価値相対主義に対する反省から成り立っている。

つまり基本法は、代表制を徹底した民主主義を採用するとともに、「民主主義の敵」に対しては「寛容」を適用せずに「闘う」ものとなったのである。アデナウアーは、この基本法を制定した議会評議会の議長を務めるとともに、「宰相民主主義」と呼ばれた一四年間の強権的な統治を通じて「基本法体制」の定着に成功した。逆説的だが、アデナウアーは、長く強大な権力を保持し、政敵を抑えつけることによって、結果的にドイツにおける自由民主主義体制の定着に寄与したのである。

第二は、外交における「西側選択」である。

この領域は、よりアデナウアー個人のイニシアティブが発揮された。東西冷戦のなか、アデナウアーは西ドイツを西側世界に徹底的に結びつけることを決断し、結果的に西ドイツは防衛領域を北大西洋条約機構（NATO）に、経済領域をヨーロッパ共同体に統合することになった。こうしたアデナウアー外交は「西側結合（Westbindung）」あるいは「西側統合

(Westintegration)」と表現されるが、これは、外交史家クリスチャン・ハッケによれば、ドイツ外交の歴史における「革命」であった。

ヨーロッパの中央に位置する大国ドイツでは、東西間を天秤にかけながら行き来する「ブランコ外交」や、西欧を出し抜いてソ連と手を結ぶ「ラパロ外交」(一九二二年に独ソが突如結んだ条約に由来)、あるいは中東欧を自身の勢力圏におさめようとする「中欧(Mitteleuropa)」政策が、従来の外交の特徴とされてきた。そしてこれらのドイツ外交路線が、周辺諸国に脅威を与えてきた。

それに対してアデナウアーは、東西冷戦という国際情勢を背景に、国内のさまざまな異論を排して、「西欧」を決して裏切らない「西を向き続けるドイツ」を築き上げたのである。歴史家クラウス・ヒルデブラントが言うように、これは「ドイツ外交のまったく新しい伝統」であった。

本書は、アデナウアー時代をドイツの「西欧化」への転換点と位置づけ、その推進者としてのアデナウアーを重視する。これに対して、西ドイツの「西欧化」は敗戦と占領と冷戦の結果、必然であったという反論もあるだろう。この点、戦後日本の吉田茂が推進した政策をめぐる議論と相似する。だが、本書は、ドイツの「西欧化」が時勢に沿ったものであったこと自体は否定しないが、その「西欧化」の中身をかなりの程度刻印したのは、アデナウアーという個性であったことを示していきたい。

重要なのは、アデナウアー時代の西ドイツが選択した国是、すなわち内政における基本法体制と、外交における西側路線は、一九九〇年以降の統一ドイツにも引き継がれたことである。そもそも西ドイツの憲法典が「憲法（Verfassung）」ではなく「基本法（Grundgesetz）」と名付けられたのは、ドイツ統一後にあらためて憲法を制定することを企図していたからである。

だが、周知のように東西ドイツの統一は、基本法の二三条に基づき、東ドイツを「新五州」に再編して西ドイツに加入させるという形式をとった。結局、基本法体制は存続したのである。また、ミハイル・ゴルバチョフが最後まで渋ったものの、統一後のドイツはNATOに帰属することが統一に先立って定められた。「西側結合」は基本的に保持されたまま、現在にまでいたっているのである。

なお、この序章ではアデナウアーから現代ドイツにいたる連続面を強調したが、むろん断絶面も重要である。たとえば、多くの先進諸国同様、西ドイツも一九六〇年代に政治文化の変容を経験した。そして、一九六〇年代に清算すべき対象とされたのは、何よりもアデナウアー時代の政治文化だったからである。では、アデナウアー政治の何が問題とされ、清算の対象となったのか。この点については終章であらためて論じたい。

さて、いささか結論めいたことを最初に言い過ぎたかもしれない。そろそろアデナウアーの人生をたどっていくこととしよう。始まりは一九世紀後半のドイツ、ビスマルク時代のドイツ帝国である。

第I章　「破局の時代」のなかで——第二帝政からナチ体制まで

1　第二帝政下の前半生

誕生とその時代

コンラート・ヘルマン・ヨーゼフ・アデナウアーは、一八七六年一月五日、中級官吏の三男としてケルンに生まれた。

一八七六年というと、まだドイツ帝国が成立してから五年しか経っていない。もちろん当時の宰相は建国者ビスマルクである。アデナウアーは、二つの世界大戦をくぐり抜け、冷戦時代の分断国家の宰相として活躍する、まさに「極端な時代」（歴史家エリック・ホブズボーム）の荒波を泳ぐ政治家であるが、その最初の半生である実に四〇年余りを、第二帝政下のドイツで過ごしている。アデナウアーは、いまだヨーロッパ文明が輝いていた時代、作家シュテファン・ツヴァイク（一八八一〜一九四二）が言う「安定の黄金時代」（＝「昨日の世界」）にどっぷり浸っていた。

本節では、そのアデナウアーの前半生をたどる。まずは、家族、宗教、ケルンという三つの生育環境から見ていこう。最も重要なアデナウアー伝を著したハンス＝ペーター・シュヴァルツが指摘するように、これら三つの環境は、アデナウアーの人格形成にとって重要な意味を持ったからである。

家族

父のヨハン・コンラート・アデナウアー（一八三三〜一九〇六）は、ボン近郊の小さなパン屋の息子で、一八五一年からプロイセン軍に職業軍人として勤務していた。一八六六年の普墺戦争では大活躍したようである。その後、一八六七年に軍を離れ、ケルンの控訴審裁判所（現在の上級地方裁判所）の書記官（のち首席書記官）を務めていた。父ヨハン・コンラートは、その経歴から想像できるように、きわめて権威主義的で規律にうるさい人間であり、子どもたちに義務や忠誠や名誉の重要性を教えこんでいた。

後述するように、のちにアデナウアーは、プロイセン王国、およびプロイセン主導で統一されたドイツ帝国の国家主義や軍国主義に対する批判者となるが、少年時代には父からプロイセン軍に由来する「プロイセン的美徳」や「プロイセン的規律」を叩き込まれていたのである。

一方、母のヘレーナ（旧姓シャルフェンベルク、一八四九～一九一九）はケルン生まれのカトリックだが、その父はプロテスタントだった。のちにカトリック勢力とプロテスタント勢力を糾合した超宗派政党キリスト教民主同盟（CDU）の中心となるアデナウアーが、自分にもプロテスタントの血が流れていることを意識しなかったはずはないだろう。

ヨハン・コンラートとヘレーナは、ドイツ帝国が誕生した一八七一年に結婚し、五子をもうけている。アデナウアーの上に長男アウグスト（一八七二年生まれ）と次男ハンス（七三年生まれ）、下に長女リリ（七九年生まれ）がいた。一八八二年にはエリザベートという末の妹が生まれたが、生後まもなく死んでいる。

長男アウグストは、のちにケルンで有名な弁護士となり、弟コンラートがナチスによってケルン市長を罷免されたとき、法律相談役として弟をよく助けた。次男ハンスは聖職の道に進み、ケルンの司教座教会参事会員にまでなった。妹リリはケルンの法律家ヴィリ・ズート（一八八一～一九五六）と結婚するが、ズートは、ヴァイマル共和国期に助役としてケルン市長コンラートを補佐し、第二次世界大戦後もケルン市の上級市助役として活躍する。つまり、兄妹すべてが都市ケルンのエリート層となる。

しかし、コンラートが生まれた当時のアデナウアー家は決して裕福ではなかった。一家はケルンのバルドウィン通り六番に居を構えていたが、父ヨハン・コンラートの書記官としての給与は多いとは言えず、家の三階すべてと二階の半分を賃貸に出していた。さらに、子どもたちの学費が嵩《かさ》んでくると、アデナウアー家は持ち家を手放さざるをえなくなった。引越し先のシャーフェン通りの家は、前居よりさらに手狭になり、コンラートは一七歳まで兄と一つのベッドを分け合って寝なければならなかったという。

なお、こうした子ども時代の苦労話には、最近の研究が指摘するように、アデナウアーによる誇張も含まれているだろう。しかし、伝聞をすべて退けたとしても、決して裕福とは言えなかったことは確かである。

信仰

アデナウアー家の日常は、カトリック信仰に強く刻印されていた。朝晩の祈りや日曜ミサを欠かしたことはなかった。さらに彼の故郷ケルンは、ライン地方のカトリックの中心都市である。アデナウアーは、濃厚なカトリック的環境のなかで育ったのである。

ここで着目すべきは、ケルンのカトリックの特色である。歴史家アンセルム・デーリング

＝マントイフェルによると、ケルンのカトリック市民層は、きわめて「実際的」で「開放的」かつ「リベラル」な性格を持っていた。たとえば南ドイツのバイエルンのように、カトリックが反自由主義的な勢力を代表していたのとは事情が違っていた。これは、後述するように、ケルンが長く自治の伝統を保っていたこと、一九世紀に工業化を果たしたことなどに由来する。

もちろん教会は、ケルンでも教皇権至上主義的《ウルトラモンタン》で、反近代的・反自由主義的だった。しかしその一方でケルンは、労働者の境遇改善や貧困問題の解決を目指すカトリック社会運動の中心地でもあった。大雑把にまとめると、ケルンのカトリックは、他のドイツ地域のカトリックと比べると保守色が弱く、リベラルかつ社会改良志向が強かったのである。

アデナウアーは、こうしたケルンのカトリック市民層に属していた。アデナウアーの政治思想と行動がキリスト教倫理に強く規定されていたことは否定できない。たとえば、のちに見る、CDUの設立や、演説で繰り返される「西洋（Abendland）」や「一つのキリスト教的ヨーロッパ」といったスローガン、あるいは強烈な反共主義は、彼のカトリックという出自を抜きにしては理解しがたい。ただし、アデナウアーは、政治にはそれ固有の論理があると理解し、「神」によって政策を正当化することは避け、教会が政治に干渉することは嫌った。

なお、アデナウアーのキリスト教思想を考えるにあたって見逃せないのは、カール・ヒルティ（一八三三～一九〇九）である。ヒルティはスイスの法学者だが、敬虔なプロテスタントであり、むしろ『幸福論』などキリスト教倫理を説いた著作で知られる。アデナウアーは、二〇代頃からヒルティに傾倒した。ヒルティによると、人間の幸福は、労働に勤《いそ》しみ、質素な生活を送り、他者に奉仕することによって得られる。こうしたヒルティの実践的な禁欲主義は、以後のアデナウアーの生活態度をかなり規定しているように見える。また、子どもの頃から庭仕事が好きだったアデナウアーにとって、ヒルティが説く自然との共生はしっくりくるものだったろう。

ケルン――ライン地方のカトリック中心都市

アデナウアーの故郷ケルンは、ローマ時代の植民市に端を発する古都である。四世紀に司教座、八世紀には大司教座が置かれ、以来ライン地方のカトリックの中心都市として栄えた。地理的な好条件から、古くから西欧の銀行・金融・貿易の中心地となり、一三世紀には商業的な都市同盟であるハンザ同盟に加入している。また、一三世紀以来の大司教と市民との摩擦から、ケルンは神聖ローマの「帝国自由都市」（司教の統制を離れた皇帝直属の都市）となった。

フランス革命後、ケルンは一七九四年にフランス占領下に置かれるが、結局ナポレオン戦

ドイツ帝国

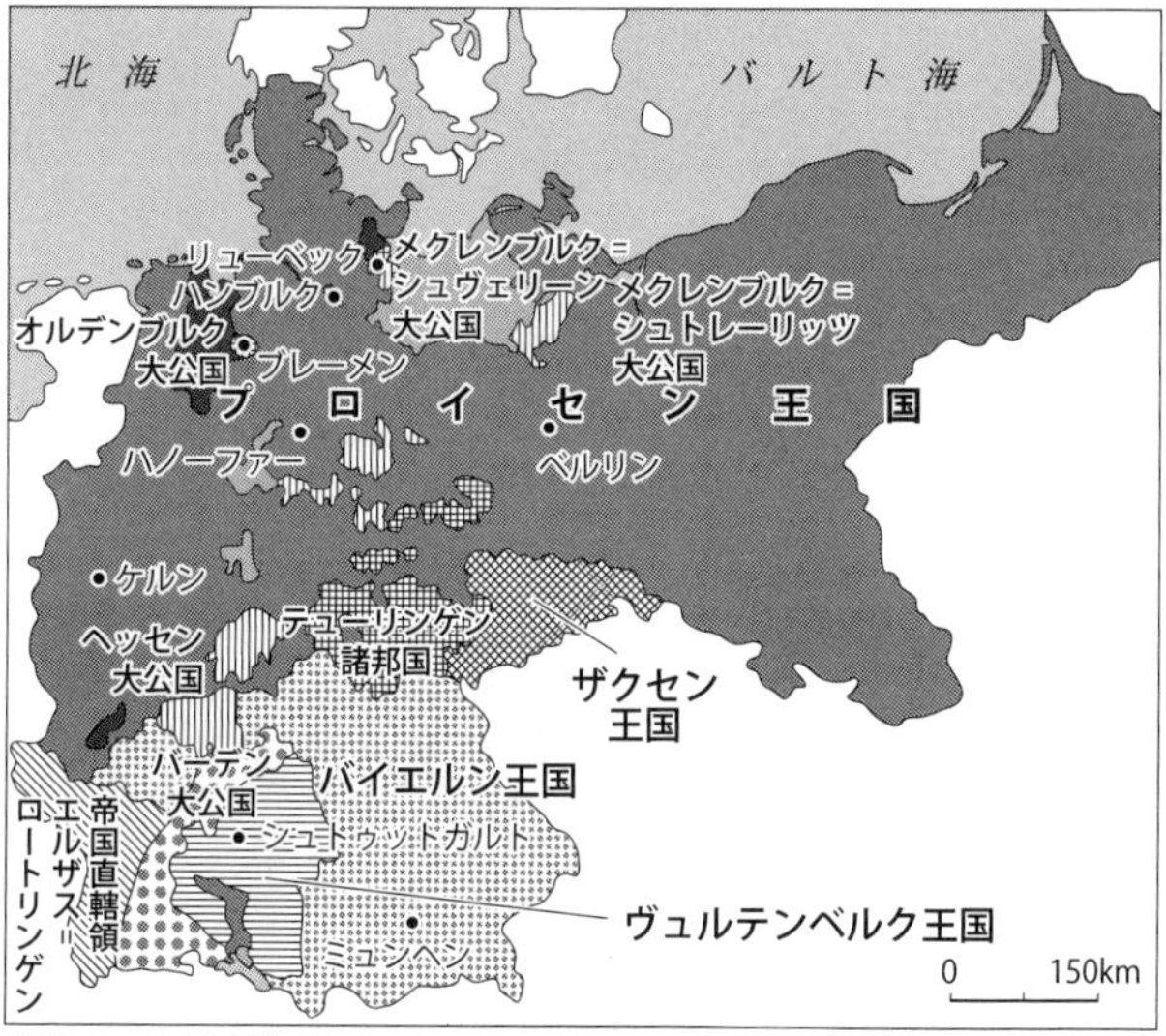

出所：石田勇治編著『図説ドイツの歴史』（河出書房新社，2007年）を基に作成

争後のウィーン会議（一八一四〜一五年）によって、他のライン地方の諸都市とともに、ラインラント州《プロヴィンツ》の一都市として、プロイセン王国に編入される。そして、一九世紀を通じてケルンは工業化を果たし、人口は増え続け、第一次世界大戦前には六〇万人を超えていた。一九世紀半ばには鉄道網が整備され、ベルギーやオランダとドイツ諸都市をつなぐ、西欧の交通の要衝にもなっていた。

　ケルンは大銀行や金融業の本拠地でもあった。ケルンの銀行家たちは、アデナウアー政治にとっても欠かせない存在となる。たとえば、シャフハウゼン銀行の頭取ロベルト・プフェルトメンゲス（一八八〇〜一九六二）は、アデナウアーの友人であり、ケルン市長時代のパトロンの一人であり、第二次世界大戦後にはCDUの創設に貢献した。

ところで、ウィーン会議後、プロイセンに一方的に編入された経緯から、ラインラントでは反プロイセン感情が強いとよく言われる。プロイセン王国ではプロテスタントが優越的な地位を占めていたからなおさらである。さらに、ドイツ帝国創建後にビスマルクが行った「文化闘争」（カトリック教徒抑圧政策）によって、反ベルリン、反プロイセン、反プロテスタント感情は高められたと言える。事実、プロイセンあるいはドイツから独立しようとする政治運動がのちにラインラントで噴き出すことになる。

しかし、ここで注意したいのは、アデナウアーが物心付く頃には、すでに「文化闘争」が終息していたことである。一八八〇年代には、カトリックの中央党もプロイセンに忠実な政党になっていた。そして、アデナウアーの父のように、ケルンではカトリック信仰とプロイセンへの忠誠は矛盾するものではなくなっていた。アデナウアーは、反プロイセン的な空気を吸って育ったわけではないのである。

ケルンで反プロイセン感情がそれほど強くなかった理由の一つとして、かなり広範な自治権を手にしていたことがある。行政的にケルンは、プロイセン王国のラインラント州に属するが、独自の市議会を持ち、自治の余地は大きかった。市議会は、著しい制限選挙制度である三級選挙法で選出され（有権者は全男性市民の四分の一以下であり、さらに納税額に応じて三階級に分けられ、票の格差をつけられた）、市議会が市長を選出した（形式的にはプロイセン王による任命）。

一九世紀末から二〇世紀初頭にかけてケルン市議会で有力だったのはカトリック中央党と自由主義勢力だが、議会は市長の行政にあまり介入しなかった。それゆえケルン市長は、かなり広範な権限と強い権力を手にしていた。ちなみにアデナウアーがケルン市助役に就任したときの市長ヴィルヘルム・ベッカー（一八三五〜一九二四）は、一八八六年から一九〇七年までの二〇年以上にわたって強権を振るっていた。

以上のようにケルンは、カトリックの古都であると同時に、プロイセンの一大工業都市であり、西欧における交通・金融の要衝であり、自治の伝統を誇っていた。ケルンが持ち合わせたこれらの要素が、アデナウアーの性格や人脈、そして政治手法も規定していくことになる。

学生時代

さて、一八八五年四月、九歳になったアデナウアーは、兄二人と同様に、ケルンの使徒ギムナジウムに入学した。このギムナジウムはカトリック系であり、ラテン語やギリシャ語の古典語教育に授業時間の半分近くを費やしていた。ギムナジウムは大学に進学するエリートを養成するための九年制の中等教育機関だが、当時のドイツでは非常に狭き門だった。一八八〇年代のプロイセンでは、中等教育に進む子どもは七％程度に過ぎず、アデナウアーのようにギムナジウムに進むのは三％程度であった。

アデナウアーは、突出して優秀というわけではなかったが、真面目な生徒であった。一八九四年三月六日、アデナウアーは無事アビトゥーア（卒業＝大学入学資格）を取得するが、ここで問題が生じた。すでに兄二人が大学に進んでいたアデナウアー家には、さらに三男を大学に進ませる家計的余裕がなかったのである。それゆえアデナウアーは、大学進学を断念させられ、職に就かねばならなくなった。こうしてアデナウアーは、しぶしぶゼーリヒマン銀行に就職する。しかし、大学へ行くという希望を捨てきれず、長男アウグストのように法学を学びたいと父を説得し、ケルン市の奨学金を獲得して大学に進学する。結局、銀行勤めは二週間で終わった。

アデナウアーは、一八九四年の一期をフライブルク大学で、九四、九五年の二期をミュンヘン大学で、そして残りの九五年から九七年までをボン大学で過ごした。

フライブルクの学生組合でアデナウアーは、ライムント・シュリューターという農家の息子に出会い、意気投合する。彼らは親友となり、ミュンヘン大学に同時に移り、ともに自然散策を楽しみ、オペラや美術館に通った。また、ボヘミアやスイス、そしてイタリアの諸都市にも一緒に旅行した。このイタリア旅行を知った父ヨハン・コンラートが、息子の「浪費」（実際は貧乏旅行だったようだが）に激怒して、結局アデナウアーはミュンヘンから呼び戻され、おとなしくケルンと同じライン地方のボンで学ぶことになったという。

大学時代，親友シュリューター（左）と

大学で第六学期を終えたアデナウアーは、一八九七年五月二二日、第一次国家試験を優秀な成績で合格し、司法官試補見習（Referendar：第一次国家試験をパスした見習いの上級公務員採用候補者。見習い期間を終え、第二次国家試験にパスすると、試補となる）となり、一九〇一年一〇月一九日には第二次国家試験に合格し、司法官試補（Assessor）となった。しかし、このときの成績はあまり芳しくなく、アデナウアーは自らにひどく失望したようである。当時、成績のよい順から弁護士になっていくのだが、経済的にもあまり余裕のなかったアデナウアーは、不本意ながらケルンの検察庁に奉職する。

結　婚

アデナウアーは、試験の失敗を引きずり、検察庁の仕事にもすぐ飽きた。また、法曹界のなかでは彼の出自は低く、劣等感を抱いて過ごしていたという。さらにこの頃、「唯一人の親友」だったシュリューターが急死する。アデナウアーにとって世紀の変わり目は暗いものだった。

アデナウアーの人生がようやく上向き始めるのは、一九〇三年にケルンの弁護士ヘルマン・カウゼンの事務所に就職できたときからである。カウゼンは有能な弁護士であると同時に、ケルン市議会の中央党議員団長だった。

一九〇四年一月、二八歳のアデナウアーはテニス・サークル「プーデルナス」で知り合ったエマ・ヴァイアー（一八八〇～一九一六）と結婚する。この結婚は、アデナウアーの政治的キャリアにとって決定的な意味を持っていた。エマは、由緒も力もあるケルンの名門一族だったからである。エマの父方の祖父は有名な建築家・鉄道業者であり、デューラーやレンブラント、ルーベンスを所蔵する美術館を開くほどだった。母方も裕福な法律家の家系で、のちにケルン市長となるマックス・ヴァルラフ（一八五九～一九四一）はエマの母方の叔父

最初の妻エマ（左）と．婚約時，1902年

である。

こうしてアデナウアーは、当時「ケルン派閥（Kölner Klüngel）」と揶揄《やゆ》されていた、ケルン市を牛耳る階層に加わる足がかりを得たのである。この頃から、アデナウアーの上昇志向が俄然強まっていく。

出世

一九〇六年、一二人いるケルン市助役の席の一つが空いた。ここでアデナウアーは、上司であり、中央党の市議会議員団長だったカウゼンに、自分を助役につけるよう猛烈にアピールする。こうしてアデナウアーは、中央党の支持を受け、市議会で三七票中三五票を得てケルン市の助役（税務担当）に選出され、三月七日に就任した。助役のなかでアデナウアーは最年少だった。なお、助役就任の三日後の三月一〇日、父のヨハン・コンラートが、おそらくは息子の成功に満足しつつ、死去している。

一九〇七年一〇月、エマの叔父ヴァルラフがケルン市長に就任し、アデナウアーの立場は強まった。一九〇九年七月二二日には、やはり中央党の推薦により、アデナウアーはケルン市の首席助役および副市長に就任する。この頃には、もうアデナウアーは家計に不自由しなくなっていた。一九一一年にはマックス・ブルッフ通り六番に家を買い、母や妹もその家に迎え入れている。

この間の出世は他の人と比べると驚くほど早かった。しばしばアデナウアーは「社会的成功者（sozialer Aufsteiger）」と形容されるが、これは「成り上がり者」と訳してもよいかもしれない。この成功は、結婚や前任者の辞任など多分に運に恵まれたところもあるが、彼の勤勉さと行政能力が周囲に高く評価されたこと、彼が人間社会のなかの権力関係や利害関係を見抜くのに秀でていたことも大きい。父から叩き込まれたストイックな向上心が彼を支えていたのである。

一九一四年夏、第一次世界大戦が勃発する。アデナウアーは首席助役として、とりわけケルン市の食糧供給問題に対処することになった。よく知られているように、大戦勃発当初、大方の人たちが、戦争はクリスマスまでには終わると予想していた。対して、アデナウアーは戦争の長期化を早くから予想しており、対策を練っていた。結果、ケルン市の食糧配給は、他のドイツ都市と比べると、うまくいく。

しかし戦争が続くにつれて、ケルン市も苦しい状況に置かれていった。このときアデナウアーは、肉を使わず大豆粉から作るケルン・ソーセージや、トウモロコシ粉を主原料としたケルン・パンを考案している。後述するが、こうした発明はアデナウアーの生涯の趣味の一つであった。とはいえ、これらはあまり美味しいものではなかったようだ。

妻の死と自動車事故

一九一六～一七年、アデナウアーにとって転機が訪れる。まず一九一六年一〇月、最愛の妻エマを亡くした。一九〇六年に長男ヨハン・コンラートの出産後、脊椎湾曲と腎不全に悩まされていたエマは、一〇年に次男マックス、一二年に長女リーアを産んだが、一二年からは完全に床に臥《ふ》せっていた。その間、アデナウアーは妻の快復のために手を尽くし、自身も献身的に看護していた。妻の死後、アデナウアーは一年間喪に服している。

さらに一九一七年三月、アデナウアーは大きな自動車事故に遭う。お抱え運転手が居眠りし、市電に突っ込んだのである。からくも一命は取り留めたものの、傷は大きかった。このとき頬骨《きょうこつ》と鼻骨が折れ、下あごも砕かれてしまったため、事故後、アデナウアーの面貌はすっかり変わってしまった。

ケルン市長へ

こうした苦難のなか、アデナウアーはケルン市長となる。すでに一九一六年にアデナウアーは、ケルン近郊のアーヘンの市長も視野に入れていたが、ケルン市長ヴァルラフの後を継ごうと考え、助役にとどまっていた。一九一七年八月、ヴァルラフがベルリンの中央政府への参加を打診され、アデナウアーが市長になるチャンスがめぐってきた。

このときアデナウアーは、シュヴァルツヴァルトで交通事故後の療養生活を送っていた。若いアデナウアーがケルン市長たりうるかには異論もあったが、結局、フーゴー・メニヒやヨハネス・リンクスら中央党指導者たちの後援と、ルイ・ハーゲンやベルンハルト・ファルクら自由主義勢力の支持により、一九一七年九月一八日、ケルン市議会の満場一致（賛成五二、反対〇、棄権二）で、アデナウアーはケルン市長に選出された（就任は一〇月二九日）。任期は一二年である。

こうしてアデナウアーは、四一歳の若さで、当時六五万人を抱えた、ベルリンに次ぐプロイセン第二の都市の首長となったのである。彼はまた、当時のドイツ帝国の全市長のなかで最年少でもあった。

市長就任演説でアデナウアーは、不偏不党で市政に臨むことを約束し、戦争によって生じた市財政の歪みや社会問題の解決を特に重要な課題に掲げた。しかし、この演説はいかにも戦時中のものであり、具体性に乏しく、愛国心を鼓舞して終わっている。一九一四年に始まった戦争の帰趨《きすう》はいまだわからず、市政の将来も不透明ななかでの船出だった。

2 幻の「ライン共和国」――第一次世界大戦敗北後の混乱

一一月革命と市長アデナウアー

一九一八年に入ると、当初は戦争に楽観的だったアデナウアーも、市議会など公的な場ではともかく、周囲にはドイツが負けるのではないかと漏らすようになった。この間、ケルンでは深刻な物資不足が続いていた。そしてケルンに一万七〇〇〇人いたという脱走兵や、飢えた市民たちが、盗難や略奪を働くようになっていた。また、インフルエンザも流行し、多くの工場が機能を停止する。

一九一八年一一月、キール軍港の水兵反乱を皮切りに、ついにドイツ各地で革命が起きる。多くの都市で労働者と兵士から構成される評議会(レーテ、ソヴィエト)が権力を握った。

ケルンでも一一月七日に労兵評議会が権力を掌握した。若き市長アデナウアーは、こうした激変への対応を迫られる。

革命当初、アデナウアーは「反乱者たち」を逮捕しようとしたが、ケルンの駐屯兵の多くが革命側に味方することがわかると、一転して彼らの要求に応じ、一五人から成る労兵評議会の設置に同意した。そしてアデナウアーは、実際の行政の領域で、労兵評議会よりも迅速かつ効果的に行動することで、存在感を示していく。

まずアデナウアーは、食糧の支給などに奔走した。さらに政党や労組の指導者から成る福祉委員会を設置し、部隊の動員解除や、治安維持のための特別警備隊の組織、そして食糧供給の組織化にあたらせる。

それまでも有能な行政官とみられていたアデナウアーだが、この一一月革命期に発揮した指導力によって、危機の時代に決断できる指導者と評価されるようになっていく。毎日一六〜一八時間黙々と働き、革命家たちと対立しないように、かつ主導権を彼らに奪われないように、次々と決断を下していった。ケルンの労兵評議会議長ハインリヒ・シェファーは、「労兵評議会と協調して法と秩序の回復に尽力してくれた」として、一一月二一日に市長に感謝さえ述べている。こうしてアデナウアーは、革命をうまく統御し、市行政の機能を迅速に回復させたのである。

イギリスによるケルン占領

　さて、連合国と停戦ののちライン川左岸は占領され、ケルンはイギリス占領下に入ることになった。一九一八年一二月三日までにドイツ軍は被占領地区から引き揚げねばならず、この作業はアデナウアーにとっても一苦労であった。一二月六日にローソン将軍率いるイギリス占領軍がケルンに到着し、以後一九二六年一月までの七年間、ケルンはイギリスの「保障占領」下に置かれた。

　占領にあたってイギリスは、ケルン市民にイギリス将校に会ったら敬礼することを義務づけたが、市長アデナウアーはこれに不満を伝え、すぐに撤回させた。また、夜間外出禁止令なども出されたが、次第に緩和されていった。

　当初五万五〇〇〇人だった占領軍は、一九二〇年には半減、二五年には九〇〇〇人まで削減された。総じて、イギリス占領軍とケルン市民との関係は険悪ではなかった。そして、アデナウアーとローソン将軍、またその後継のチャールズ・ファーガソン将軍との関係も良好であった。彼らは無秩序や共産主義に対する嫌悪では一致していたのである。

ラインラント分離構想

他方でアデナウアーは、第一次世界大戦後の数年間、フランスの対ドイツ政策に対処する必要に迫られることになった。普仏戦争（一八七〇～七一年）の記憶もまだ消え去らぬうちに、さらに大戦で一三六万もの人命を失ったフランスは、第一次世界大戦後にドイツに対して復《ふく》讐《しゅう》的な政策を追求する。

よく知られているように、一九一九年六月に締結された、連合国とドイツの講和条約であるヴェルサイユ条約は、ドイツからアルザス＝ロレーヌ地方を奪還し、また多額の賠償金をドイツに課した。加えてフランスは、ドイツに対して長期的に自国の安全を保障できる方策を模索する。こうしたなか、ラインラントに独仏間の緩衝国家を創り出そうとする構想、いわゆるラインラント分離構想が登場するのである。

ラインラントは、前述のように、ナポレオン戦争後のウィーン会議によってプロイセン王国に州《プロヴィンツ》として編入された地域であり、このプロイセンによる領有への反発から、ラインラントにも分離構想の提唱者・支持者は存在していた。

こうしたラインラント問題は、一九一八年から二三年まで、ドイツ政治を揺さぶることになる。ラインラント最大の都市であるケルン市長アデナウアーも、否応なくこの問題に巻き込まれていった。

第１次世界大戦後のラインラント占領略図

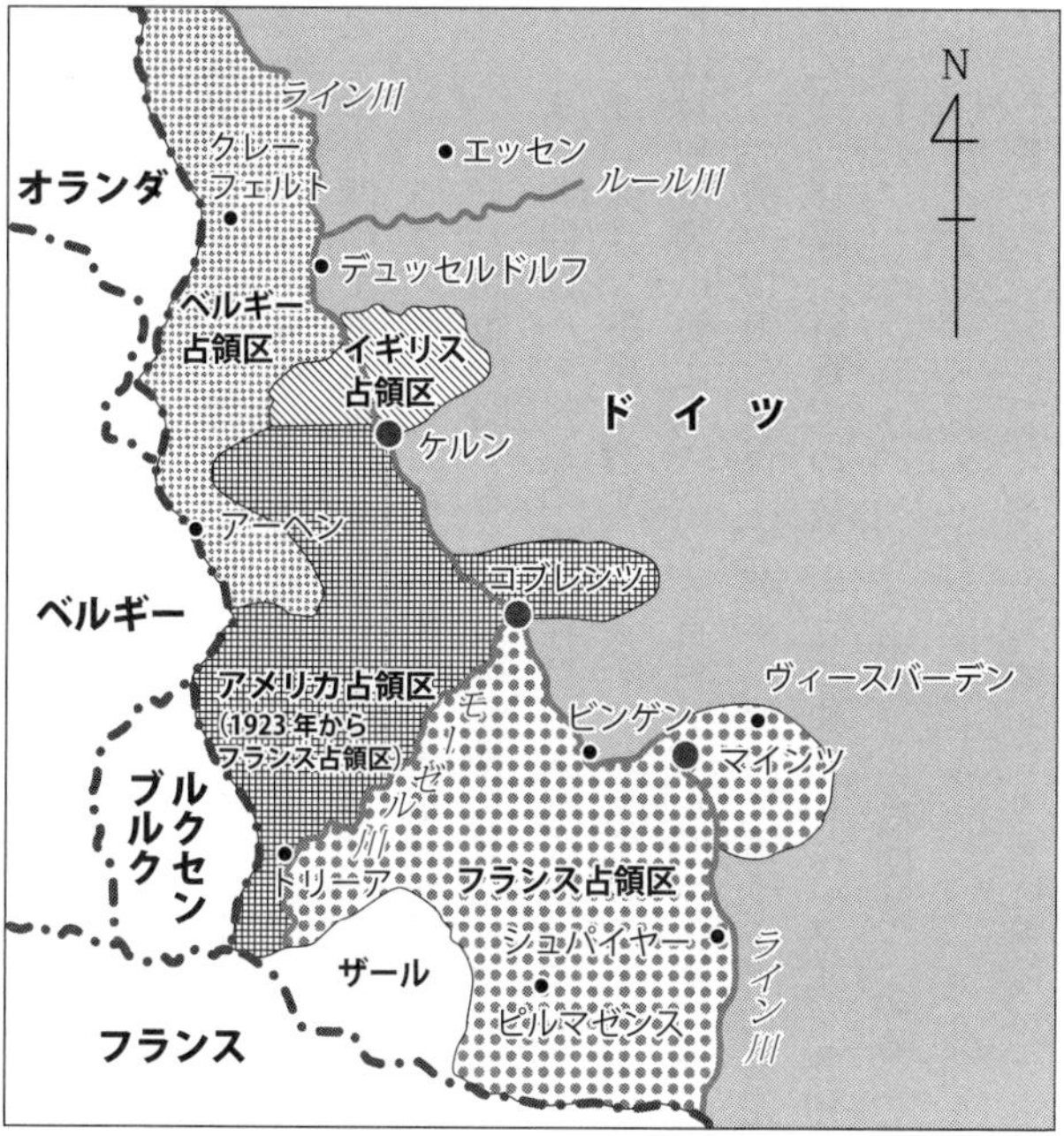

なお、ラインラント問題に対するアデナウアーの言動を理解するのは容易なことではない。アデナウアーの態度は状況によって揺れ動き、本音と建前の区別もつけがたい。残された史料は相矛盾し、さまざまな解釈の余地を残すものである。しかし基本的立場を確認することは可能であり、それは、のちのアデナウアー外交を考えるにあたって、きわめて重要な意味を持つ。以下では少し立ち入ってラインラント問題へのアデナウアーの対応を検討しよう。

ラインラントをめぐる思惑

ラインラントの独立や分離が問題となったのは、停戦直後である。この時期、ドイツの敗戦は確定したものの、講和条約もヴァイマル憲法もなく、ドイツの将来の見通しはまったく不透明であった。対外的には国家の領域が定まらず、対内的にも帝政の崩壊により、従来の中央―地方関係である帝国《ライヒ》（国家）―邦《シュタート》関係の再編が模索されている状態であった。そうしたなか、ラインラントをめぐって多くの構想が提起された。

ラインラント問題に関する大部の研究書を著したマルティン・シュレンマーらにならうと、ラインラント問題への対処の方向性は、大きく四つに分けられる。

第一は「併合」路線であり、フランスがラインラント全体を併合してしまうことである。これは対独復讐に燃えるフランス首相ジョルジュ・クレマンソーが望んだことだったが、ヨーロッパの勢力均衡を重視する英米の反対に遭うことは必定であった。

第二は「分離」路線であり、中立で独立した「ライン共和国」を緩衝国家として設立することである。この立場は、ケルン中央党の機関紙である『ケルン人民新聞（KVZ）』が代表していた。また、ハンス・アダム・ドルテン（一八八〇～一九六三）ら「行動主義者」と呼ばれた者たち、そしてシャルル・マンジャン将軍らフランス占領軍の将校たちに支持された。

第三の選択肢は「自律」路線であり、ラインラントを新ドイツ国家《ライヒ》のなかの一州（Land）としてプロイセンから切り離すことである。

第四は、戦前の状態に復帰させること、すなわちラインラントをプロイセンの一部のままにしておくことである。

アデナウアーは、基本的に第三の選択肢、つまり自律の方向で考えていた。しかし第二の路線、すなわちライン共和国のドイツからの分離独立を目指す人々とも連携を図ったことがあるため、のちに「分離主義者」として非難され続けることになる。

ドイツ政府やプロイセン政府は、むろん第四の選択肢、すなわち旧態回復を望んだが、ラインラントの人々の見解は分かれた。社会民主主義者や自由主義者たちは、旧態の継続を望んだ。もしラインラントがプロイセンから分離するならば、その国家、あるいは州はカトリックが優越した教権的なものとなる恐れがあったからである。

ラインラントで最も重要な政党であるカトリック中央党内でも、意見は分かれていた。『ケルン人民新聞』は共和国の樹立を宣伝し、反ベルリン的な議論を展開していたが、同紙は決してケルン中央党指導部の見解に沿っていたわけではなかったし、党の多数派を代表していたわけでもなかった。たとえば、のちにヴァイマル共和国の首相となるヴィルヘルム・

マルクスは、ライン共和国はフランスの影響にさらされ、自律を保てないと考えていた。

アデナウアーの対応

ケルン市長であり、かつ中央党の一員でもあるアデナウアーは難しい立場にあった。他党ではあるが、彼の友人で社会民主党の指導者ヴィルヘルム・ゾルマンや、民主党の指導者ベルンハルト・ファルクは「分離主義者」や「連邦主義者」へのいかなる譲歩にも反対していた。他方、中央党の人々は「分離」か「自律」のどちらかに傾いていたからである。

一九一八年一一月二二日、ケルンの主要三党である中央党、社会民主党、民主党から各三名の代表が集まり、アデナウアーを議長とする超党派の委員会が結成された。この委員会は、アデナウアーのイニシアティブのもと、ラインラントのドイツからの分離独立ではなく、ドイツ国家内《ライヒ》で「西ドイツ共和国」を成立させるという構想を打ち出していく。

アデナウアーの考えは、一九一九年二月一日に比較的まとまったかたちで表明された。この日、アデナウアーの要請により、一月一九日の選挙でライン左岸から選出されていた憲法制定国民議会（Nationalversammlung）の議員、一月二六日の選挙でライン左岸から選出されていたプロイセン州議会（Landesversammlung）議員、そして占領下のライン地方の諸都市の市長たち総勢約七〇人が、ケルン市庁舎の「ハンザ・ホール」に集められた。アデナウアーの狙いは、ラインラント問題をめぐる議論の場を憲法制定国民議会とプロイセン州議会に移す一方で、ライン左岸から選挙で選ばれた議員たちのあいだで合意を形成しておくことにあった。

アデナウアーは、まずフランスによるライン占領を厳しく批判しつつも、独仏和解の必要性を説く。そして、ドイツに対するフランスの安全保障上の不安、特にプロイセンに対する不信に理解を示し、新しい連邦制ドイツのなかでプロイセンは解体されるべきであると主張する。

アデナウアーは、連邦主義的に再編された新ドイツ国家のなかで「西ドイツ州」を設立することを望んだのである。ただし彼は、その新しい州が「教権的」にならぬよう、ラインラントだけでなく、ヴェストファーレンの一部、ルール、ザールラントもその州に含めることを求めた。新しい州を設立する際には、ラインラントはもちろん、ドイツ全体の全主要政党の承認も要求した。アデナウアーは、フランスがこの「西ドイツ州」創設案に満足しないと思ったが、イギリスとアメリカの支持を見込んでいた。英米は、プロイセンの権力を抑えようとはしていたが、必要以上に敗戦国ドイツの反感を買うことはないと考えていたからである。

会議はアデナウアーの案を了承し、それに基づく決議を採択した。

ヴェルサイユの裁定

一九一九年一月から始まったパリ講和会議では、アメリカとイギリスの代表が、フランスによるラインラントの併合にも、ラインラントに緩衝国家を設立することにも反対した。ヴェルサイユ条約調印前の一九一九年五月半ば、ドイツ代表は、ラインラントはドイツにとどまること、しかし占領されたライン川左岸・右岸は、一五年間、連合軍の統制下に置かれ、その後も非武装を維持することを告げられた。

この条件を憂えたアデナウアーは、一九一九年二月の会議で選出された「西ドイツ政治委員会」を五月三〇日に招集し、一五年間の占領は、実質的にラインラントのドイツからの政治的・経済的分離に導くという彼の危惧《きぐ》を伝えた。これを受け委員会は、ヴェルサイユ会議のドイツ代表ウルリヒ・フォン・ブロックドルフ゠ランツァウ外相（一八六九～一九二八）に特使を派遣し、プロイセンを解体して新たな連邦ドイツ内でラインラント州を設立したほうが長期的にはドイツにとってよいと説得を試みる。

アデナウアーは、これがフランスの安全保障要求を満たし、ラインラントの長期占領も防ぐと論じている。しかしブロックドルフ゠ランツァウは、プロイセン解体を拒否し、この提案を退けた。

一方、一九一九年六月一日、ドルテンを中心とする行動主義者たちが、フランスのマンジャン将軍の支持を得て、ヴィースバーデンで「ライン共和国」の設立を宣言した。ドイツ政府は即座にこれを非難。アデナウアーも、イギリス占領地区のクライヴ将軍と協調し、これを批判した。こうして、「西ドイツ州」案も「ライン共和国」構想も潰えた。

一九一九年六月二八日にヴェルサイユ条約が正式に調印され、連合国によるラインラント占領の一五年の延長、永続的なラインラントの非武装化が定められた。

ラインラント問題の再燃

その四年後、ドイツの債務不履行を口実としたフランスによるルール地方占領（一九二三年一月）によって、再びラインラントに危機が訪れた。

この強引な占領には、当初からドイツ政府のみならず、英米からも非難の声があがった。ルールでは、ゼネストやサボタージュなどが行われる。周知のように、このルール占領を引き金に、ドイツは未曾有のインフレーションに見舞われ、共和国は危機に陥った。結局、首相グスタフ・シュトレーゼマンの活躍と、一九二四年一月の対独強硬派レイモン・ポアンカレ仏政権の崩壊、そして非併合主義的なエドゥアール・エリオへのフランスの指導者交代によって、ルール占領は終わる。

ルール占領の期間、アデナウアーはラインラント問題について難しい舵取りを迫られた。フランス占領軍の支援を受け、再びドルテンら分離主義者たちが、一九二三年一〇月二一日に「ライン共和国」の独立を宣言したからである。

アデナウアーは、首相シュトレーゼマンの支持を得て、一九二三年一一月一四日に連合国委員会のフランス代表アンリ・ティラールと会談した。会談後、ティラールは、アデナウアーがドイツからのラインラントの分離に「同意」したと証言したが、アデナウアーは、一一月二七日にこれを否定する。そもそも自分はケルン市長に過ぎず、このような重大事に同意する地位になどない。さらに、ラインラントのプロイセンからの分離は考えてはいたが、ドイツからの分離など考えていなかったと。

一九二四年二月、ドルテンはフランスへ逃亡し、分離主義運動は崩壊した。こうしてラインラント問題は収束するが、以後アデナウアーは、この時代の言動を根拠に、祖国の解体を目論む「売国奴」「分離主義者」として、政敵から糾弾され続けることになる。

しかし、確認しておきたいのは、アデナウアーがラインラントをドイツから分離独立させようとしたことはなかった点である。一九一九年のドルテンとの接触、あるいは二三年のティラールとの会談も、政治的危機の際にはあらゆる陣営と接触を保つようにするアデナウアーの手法から出てきたものである。

アデナウアーは、ドイツから独立したライン共和国は、フランスの影響につねにさらされ、将来の火種になると考えていた。同時に、プロイセンを中心としたドイツに対するフランスの恐怖感も理解していた。それゆえアデナウアーは、新しく連邦主義的に構成されたドイツ内で、プロイセンの解体と西ドイツ州の創設を考えたのである。

こうしたアデナウアーのアイデアは、直接的には第二次世界大戦後のノルトライン＝ヴェストファーレンという新州設立の際に活かされることとなる。また、ラインラント問題を通じて、アデナウアーが、いかにしてフランスの安全保障要求を満たしつつ、独仏和解を達成するかという難題に早くから取り組んでいたことの意味は大きい。さらに、このときすでに「占領軍との対話」という仕事を経験していたことも、のちに貴重な政治的財産となったのである。

3　ケルンの君主――ヴァイマル共和国下の市長時代

ケルン大学の再建

ここでは、アデナウアーのケルン市長としての活動を見ていこう。彼は、この市長時代を「人生で最も充実した時代」と振り返っている。また、シュトレーゼマンはアデナウアーを念頭において「当今のドイツの市長たちは、まさに現代の君主ではないか」と嘆いたが、事実アデナウアーは、ケルンで君主のごとく強大な権力を振るっていた。

第一次世界大戦後、ラインラント問題とともにアデナウアーが着手したのは、ケルン大学の再建だった。ケルン大学は、一四世紀に設立された伝統校だったが、一七九八年にライン地方がフランス占領下に入ったとき、トリーア、ボン、マインツの大学とともに閉校されていた(ボン大学のみウィーン会議後に再建された)。以前からこの問題に興味を寄せていたアデナウアーは、一九一九年一月、プロイセン政府にケルン大学再建を願い出る。このときアデナウアーが、外国占領下でドイツ文化を維持する必要性から大学再建を正当化しているのは興味深い。

他方でアデナウアーは、ケルン大学を、ヨーロッパ諸国民の協調の礎として位置づけた。一九一九年六月のケルン大学開校式典で行った演説では、ドイツ文化と西欧民主主義諸国の文化との衝突により、世界におけるヨーロッパの地位が没落したと述べ、「さまざまな文化が衝突する地点」に位置するケルン大学は「特別な使命」を帯びていると強調した。すなわち、あらゆるヨーロッパ文化を学んで育み、諸国民を文化的に接近させ、ヨーロッパ諸国民の和解と共同性を促すという使命である。

ケルン市長時代，市庁舎の執務室で

ケルンの近代化

また、アデナウアーは、ケルンを近代的な都市に変えようと試みた。彼の市政のもと、一九二〇年代にケルンはその相貌を変えていく。

その象徴がグリーンベルト（Grüngürtel）の敷設である。そもそもケルンには中世以来の城壁が残っており、市の近代化を妨げていた。これは、防衛上の理由からプロイセン軍が撤去を禁じていたためである。しかし敗戦後、占領軍が城壁の撤去を許可する。アデナウアーは、ハンブルクの建築家フリッツ・シューマッハー（一八六九～一九四七）の案を採用し、城壁の撤去とグリーンベルトの設置を行い、ケルン市街を囲む長さ二〇キロメートル以上、幅約一キロメートルの緑地帯をつくり上げたのである。このグリーンベルトをアデナウアーは、ケルンへの自分の最大の貢献であったと自賛している。

さらにアデナウアーは、ケルン市のインフラ整備を次々と行っていく。一九二二年からメッセ（見本市）の拡充にあたり、二四年三月にはメッセ・ホールを開館させている。そして貿易・通商を円滑にするため、交通・運輸政策に力を入れた。市営鉄道を整備し、一九二六年にケルン空港を開き、ライン川周辺の運河と港を拡充した。加えて、さまざまな住宅政策・道路政策にも着手している。

また、スポーツにも関心を寄せ、多くの体育施設を建設した。代表的なものとして、一九二三年に建設されたミュンガースドルファー・シュタディオンがある。これはサッカーの名門クラブ、1.FCケルンのホームスタジアムとなる。ちなみに現在はラインエネルギー・シュタディオンとの名が付いている。さらに、音楽大学設立のイニシアティブもとっていた。

強引な政治手法と放漫財政

アデナウアーは、ケルンを近代化するためには金に糸目をつけず、その手法はきわめて強引だった。グリーンベルトの設置には自身の派閥からも反対の声が上がったが、アデナウアーは聞く耳をもたなかった。

また、ミュールハイム郊外における橋の建造が議題となったとき、市議会が設置した専門家委員会がアーチ橋を勧めたにもかかわらず、アデナウアーは自分の嗜好から無理やり高価な吊り橋建造を決定してしまう。傲岸《ごうがん》で独善的であり、アデナウアーは「独裁者」と渾名されるようになっていく。

側近を務めていた義弟ズートは、市長アデナウアーの手法の特徴を二つ挙げている。

第一は、懸案事項について徹底的に調べ上げ、議論に備えることである。つねに彼は資料をたくさん携え、時には数人の専門家を従えて会議に臨んだ。

第二は、相手に最後まで話をさせることである。相手方が意見を出し尽くすまで自分は黙っている。そして最後に、会議をまとめるかのようにして、自分の意見を押し通すのである。政治で成功する秘訣は「最後まで座っていられること」というのがアデナウアーの持論であった。

ともあれ、アデナウアーの施策には、お金がかかった。一九二四年から二九年にかけてケルン市の歳出はほぼ二倍に跳ね上がり、歳出は歳入の一・五倍にも上った。これには野党のみならず与党の中央党も非難の声をあげ、ベルリンの中央政府も苦言を呈した。しかし事態は改善されず、ケルン市は莫大な負債を抱えたまま、一九二九年の世界恐慌を迎えることとなる。

なおケルン時代のアデナウアーは、中央党に所属していたが、政党政治家とは言いがたかった。ケルン中央党やラインラント中央党のリーダーでもなければ、プロイセン中央党やライヒ（全国）中央党で重要な党職についていたわけでもない。もちろん、ライン州議会や州委員会などには中央党代表という肩書きで参加していたわけだが、そこで党の利害を追求することはなかった。

二度の首相打診

ケルン市長としてアデナウアーは、プロイセンの第二院である国家評議会（Staatsrat）に議席を有していた。一九二一年五月以来、ナチスが政権を握る三三年まで、この評議会の議長を務めている。反プロイセンのイメージが強いアデナウアーだが、一方でプロイセン政治の要職にもあった。これは、ベルリンにも拠点を有していたことを意味し、国政は決して縁遠いものではなかった。

事実アデナウアーは、ヴァイマル共和国期に二度、首相就任を打診されている。最初の打診は一九二一年、賠償問題で組閣すら困難に陥っていたときに、中央党の議会議員団によって、首相候補に挙げられた。しかしアデナウアーが、首相就任の条件として政党政治に左右されない組閣を要求したため流れている。

二度目は一九二六年の春である。当時の国政では、国旗政令問題と王侯財産権問題というかなり政治的な、しかし経済的にはあまり重要ではない問題に片をつけるために、社会民主党から人民党までの大連立政権の樹立が模索されていた。その問題処理内閣のリーダーとして、再びアデナウアーの名が挙がったのである。

しかしアデナウアーは、過渡期の首相となることを嫌い、確固とした連立政権の形成と、首相の絶対的な組閣人事権を要求する。連立与党相互の協議による組閣がヴァイマル共和国の常態の政治であり、アデナウアーの要求は当時の組閣慣行から外れていた。首相の強力なリーダーシップを要求したアデナウアーは、結果として再び首相の座を蹴ることとなる。

結局アデナウアーは、ヴァイマル共和国の国政の舵取りをすることはなかった。端的に言えば、全国レベルで連立政権の調整役に甘んじるよりは、大都市ケルンで「君主」として手腕を振るうことを選んだのである。ともあれ、この首相打診のエピソードは、当時のアデナウアーの手腕への周囲の高い評価を示すと同時に、彼が理想とする宰相像を明らかにしている。

市長再選

一九二九年一二月一七日、アデナウアーの一二年の任期満了に伴い、市議会によるケルン市長選が再び行われた。大方の予想はアデナウアーの余裕の再選だったが、蓋を開けてみれば、獲得したのは有効投票数九六のうちの四九票、過半数ぎりぎりでの勝利であった。これは概ねアデナウアーを支持してきた社会民主党が反対に回ったからである。原因はもちろん、アデナウアーの専制政治と放漫財政に対する反発である。

再選後のアデナウアーは、世界恐慌のなか緊縮財政を強いられることになったが、状況はあまり改善しなかった。アデナウアーの市長二期目は、あまり見るべきものはない。一つ業績を挙げるとするなら、ドイツ初のアウトバーン（自動車専用道路）建設に着手したことだろう。アウトバーン建設はナチ体制の事業として有名だが、ケルン＝ボン間という短いものとはいえ、その先鞭を付けたのはアデナウアーであった。

再婚

ここで私生活についても触れておこう。アデナウアーは、一九一九年九月二五日、すでに長く家族ぐるみの交流があった隣家の皮膚科医の娘、アウグステ・ツィンサー（愛称グッシー、一八九五～一九四八）と再婚している。

このときアデナウアーは四三歳、グッシーは二四歳、一九歳差の結婚であった。またツィンサー家はプロテスタントであり、結婚にあたってグッシーはカトリックに改宗している。

この若い後妻と家族との摩擦を周囲は心配したが、グッシーはよくアデナウアー家に尽くした。彼女は、時間が許す限りアデナウアーを劇場や演奏会に連れ回し、市長業務に疲れるアデナウアーを癒した。

一九二〇年六月、さっそく二人のあいだに第一子フェルディナントが生まれるも、四日後に亡くなってしまう。それでも、一九二三年にパウル、二五年にシャルロッテ（ロッテ）、二八年にエリザベート（リベット）、三一年にゲオルクをもうけ、幸せな家庭を築いた。夏季休暇にはたいてい家族で保養地に出かけた。行き先は、スイスのヴァレー（ヴァリス）州にあるシャンドランが多かった。

2人目の妻グッシー（左）と，1919年

大恐慌は、そうしたアデナウアーの私生活も脅かすようになった。まず、ケルン市の財政悪化に伴い、市長の高給が批判された。またアデナウアーは、個人資産の相当部分をアメリカ株に注ぎ込んでいたので、危うく破産しかけるところであった。この事実は政治的にも大打撃だった。ケルン市長が外国株で大損したとメディアに喧伝され、アデナウアーの政治的威信はひどく傷ついたからである。ちなみに、現代ドイツの人気作家フォルカー・クッチャーの警察小説『死者の声なき声』（二〇〇九年）には、大恐慌時に政治生命の危機にあったアデナウアーが登場する。

この時期から、共産党とナチ党という左右両極の政党からの現体制批判の声が大きくなっていた。一九三二年にはケルンでも失業者が一〇万人を数え（ドイツ全体では約六〇〇万人）、街頭ではデモや暴力行為が見られるようになった。鉤十字がドイツを飲み込むまでの時間はわずかだった。

4 ナチスとの闘い――市長罷免から迫害へ

ヒトラーへの「侮辱」

ナチ政権による迫害と、それに対するアデナウアーの闘いの歴史は、人間くさいドラマに満ちている。アデナウアーは、このナチ政権下の一九三三年から四五年までの一二年間を通して、さまざまなことを学んだ。たとえば、修道院にこもってカトリックの教説を深く学ぶ機会を得たし、全体主義支配を通して、人間性の醜さと美しさも学んだからだ。

さて、ケルンのナチ党がヴァイマル共和国末期に最も声高に非難を浴びせたのが、市長アデナウアーである。すでに述べたように彼の高給は批判の的だったし、ユダヤ人の友人が多いことも攻撃材料となった。さらにアデナウアーは、フランス贔屓《びいき》で知られており、「民族への裏切り」の「証拠」はたくさんあった。

一方、アデナウアーは、明らかにナチスを過小評価していた。その粗暴さには強い嫌悪感を抱いていたものの、本格的な脅威と考えていなかった節がある。

一九三三年一月三〇日、ヒトラーが首相に任命される。アデナウアーとナチスの衝突はすぐに訪れた。三月の議会選挙および地方議会選挙に向け、ナチス支持者たちがケルン市庁舎に鉤十字旗を掲揚せよと求めたが、アデナウアーはこれを断固拒否し、黒・赤・金の共和国旗を押し通した。

また、この選挙戦の一環でヒトラーが二月一七日にケルンを訪問したとき、アデナウアーは、ヒトラーを空港まで迎えに行かず、市道に飾られたナチスの旗も撤去してしまった。首相の市訪問に市長が出迎えることは恒例だったが、アデナウアーの言い分は、ヒトラーは選挙応援のために党人として来訪したのであり、首相としてではないというものだった。

しかし、ナチスは当然これらを侮辱と受け取る。ナチ党ケルン・アーヘン大管区《ガウ》（ナチスによる地域区分）の機関紙『ヴェストドイチャー・ベオバハター』（一九三三年二月二一日付）は恫喝《どうかつ》する。「このような挑戦には、将来しかるべき報いが来ることを、アデナウアー氏は思い知るだろう」。
こうした一連の出来事を見て、アデナウアーの周囲の人々は、ナチスの報復を恐れ、次第に彼から離れていく。

市長罷免

一九三三年三月五日の全国議会《ライヒ》選挙で、ナチ党はケルンで最大の政党となった。続く三月一二日、ナチ党とその同盟者たちはケルン市議会選挙で四六議席を獲得し、過半数を手中に収めた（厳密に言えば、共産党の議席を停止することで過半数に到達した）。選挙戦時のナチスのスローガンは、「とっとと失せろ、アデナウアー！（Fort mit Adenauer!）」だった。報復は容易に予想できた。市議会選挙当日の夜、自身の暗殺計画を耳にしたアデナウアーは、長年親しんだ市長室に別れを告げた。ちなみに、このときの市庁舎の鍵は、アデナウアーの死後、自宅の書斎のデスクから見つかっている。

選挙の翌朝、アデナウアーは、友人の銀行家プフェルトメンゲスの助けを得て、ナチスの突撃隊の監視をくぐり抜けてケルンを脱出し、ベルリンへと向かった。プロイセン内相であるヘルマン・ゲーリングに会い、事態を改善させようとしたのである。しかし、三日も待たされた挙句、ゲーリングとの会合はまったくの徒労に終わる。

その間の三月一四日、ナチ党のケルン・アーヘン大管区指導者《ガウライター》ヨーゼフ・グローエは、ケルン市庁舎を占拠し、アデナウアーの罷免を宣言した。ナチスによる轟々たるアデナウアー攻撃も始まる。ケルンの委任市長に就いたギュンター・リーゼンは、事態の改善を求めるアデナウアーの手紙に対し、アデナウアーが「犯罪者」であることを口汚く書き連ねた返答をする始末であった。ちなみにリーゼンは、厚顔にも、戦後アデナウアーに非ナチ潔白証明書(Persilschein)を請うている。

一九三三年四月四日、アデナウアーの停職が中央政府によって正式に追認された。ケルン市は、アデナウアーのケルンの住居を差し押さえ、俸給を停止し、銀行口座も封鎖する。この窮地を救ったのは、ベルギーの工業家でユダヤ人のダニー・ハイネマン(一八七二〜一九六二)だった。ハイネマンは、事態を聞いてアデナウアーのもとに駆けつけ、一万マルクもの金を渡している。アデナウアーはこのときの恩を生涯忘れなかった。

アデナウアーは、未払いの俸給と年金受給権をめぐってケルン市と法廷で争うことになる。このときアデナウアーは、ナチ系の花形法学者フリードリヒ・グリムに弁護を依頼した。グリムは、ヴァイマル共和国期には独仏のナショナリスト陣営の協調を説いており、のちにナチスのフランス占領でも活躍した人物である。極右の独仏協調論者といったところだろう。ともあれ、一九三七独仏協調と言ってもさまざまな方向性があることを伝える人物である。ともあれ、一九三七年八月二八日に、ようやくケルン市が一五万マルクをアデナウアーに支払うことで和解が成立した。しかしこの額はアデナウアーの要求に到底届かないものであったし、ケルン市に移譲された彼の不動産の価値にも達していなかった。

孤独の日々

話を戻すが、アデナウアーはケルンを脱出してから、プロイセン国家評議会議長職にあてがわれていたベルリンの公舎にしばらくとどまったのち、一九三三年四月二六日から一年ほど、ドイツ西部のアイフェル山地にあるベネディクト会修道院マリア・ラーハに滞在している。修道院長のイルデフォンス・ヘルヴェーゲン(一八七四〜一九四六)が、使徒ギムナジウム時代の学友だった縁である。

この修道院でのひっそりとした生活は、家族と離れて孤独だったとはいえ、アデナウアーに心の余裕を取り戻させた。またこの機にアデナウアーは、カトリックの社会教説をじっくりと学んだ。後年アデナウアーは、このマリア・ラーハの日々が「わたしの知識と良心を鍛えた」と述べている。

しかし、マリア・ラーハ修道院とアデナウアーも微妙な関係にあった。ナチ党の政権掌握以降、ナチスに接近したカトリックの知識人や政治家も多く、一九三三年七月にマリア・ラーハで行われたカトリック知識人連盟の大会にはナチ党員も参加していた。その大会で修道院長ヘルヴェーゲンは、ヴァチカンとの政教条約の調印を済ませてきたばかりの副首相パーペンも同席するなか、「ファシズム」と「全体国家」を肯定する発言をしている。

アデナウアーは、こうした一部の非民主主義的なカトリックたちの動きを苦々しく見ていた。一九三三年六月にマリア・ラーハから出した手紙のなかで「わたしはもう中央党になんの未練も感じません」とカトリック政党への批判を書いている。

一九三四年春、アデナウアーは、ベルリン郊外のノイバーベルスベルクに家を借り、久々に家族とともに生活することができた。しかし、六月三〇日のレーム事件（突撃隊指導者エルンスト・レームの謀反を口実に、ヒトラーの指揮のもと、親衛隊が突撃隊幹部や保守派などを粛清した事件）に関連して、アデナウアーはゲスターポ（国家秘密警察）に逮捕・拘留されてしまう。一時は射殺も覚悟したが、七月二日に無事釈放された。だがこの後もアデナウアーは、監視などに苛まされることになる。

一九三五年四月末にアデナウアー家はライン地方に戻り、レーンドルフに住むことにした。しかしその直後の八月、アデナウアーをケルン行政区域から追放するという命令が下されてしまう。アデナウアーは、再びマリア・ラーハに退避したのち、レーンドルフからなるべく近い、ライン川沿いのウンケルという町にあったカトリック司祭用の保養施設に九ヵ月間、また家族と離れて住まねばならなくなった。この時期が彼にとって一番苦しかったようであり、自殺も考えたと後年述べている。

レーンドルフでの年金生活

事態が改善し始めるのは一九三六年である。まず八月に追放令が解除され、レーンドルフの家族のもとに戻ることができた。一九三七年には前述のように市と和解が成立して家計が落ち着いたので、アデナウアーはレーンドルフの山腹の土地を購入し、ツェニヒ通りに家を建てる。建築家で義弟のエルンスト・ツィンサー（一九〇四〜八五）に設計を任せ、クリスマス前にアデナウアー家八人は新居に引っ越している。結局アデナウアーはこのレーンドルフの家に、死去するまでの三〇年間、居住することになる。この邸宅はアデナウアー死後も保存され、現在は連邦首相アデナウアー邸財団が管理している。

以後、アデナウアーは職業活動に就くことを禁じられ、年金生活者としてレーンドルフで過ごした。レーム事件における拘禁と懲戒処分以来、ナチスはアデナウアーに対する関心を失ったように見える。アデナウアーは、監視の目を気にしながら、将来に不安を抱きつつも、しばらくは比較的静穏な日々を送る。散歩や音楽や読書を楽しみ、とりわけ庭仕事に精を出した。また、若い頃からの趣味だった発明にも再び没頭した。のち首相となったアデナウア

レーンドルフの新居で家族とともに．後列左がアデナウアー，1938年頃

ーは、このとき培った物理や科学の知識を披露し、しばしば閣僚たちを驚かせたと側近のホルスト・オスターヘルト（一九一九～九八）は述べている。

市長時代とは違い、家族に時間を割くこともできた。その後の人生を考えると、この一九三七年から四四年までの七年間が、アデナウアーにとって最も穏やかな時代だったと言えよう。

しかしながらこの時期は、ナチス率いるドイツが、世界を戦争へと巻き込んでいくさなかでもあった。一九三九年九月、ドイツ軍のポーランド侵攻に対し、英仏がドイツに宣戦、第二次世界大戦が始まった。当初ドイツは西部戦線で圧勝するも、一九四一年六月に始まる独ソ戦から、戦争は泥沼化する。そして一九四三年初頭のスターリングラードでのソ連の勝利から形勢は逆転し、ドイツは敗北の道を歩むことになった。ナチスは絶望的な戦争を続けながら、国内と占領地で苛烈な人種政策と反対派の弾圧を加速させた。

では、アデナウアーとレジスタンスの関係はどうだっただろうか。ボンの小さなレジスタンスのグループは、しばしばアデナウアーと接触していた。しかしアデナウアーは、レジスタンス運動に加わろうとはしなかった。それまでに経験した迫害からきわめて用心深くなっていたし、愛する家族を巻き添えにしたくなかったからである。さらに、ナチ体制を内側から倒すことは不可能だとも考えていた。加えて、ドイツのレジスタンスは基本的に軍人・貴族の旧エリート層が担っており、彼らに対する違和感もあったと思われる。

さらなる受難

しかしアデナウアーは、再びナチスの迫害対象となっていく。一九四四年七月二〇日のヒトラー暗殺未遂を契機に実施された、ヴァイマル共和国時代に活躍した政治家すべてを逮捕する「雷雨作戦」により、アデナウアーは八月二三日に家宅捜索のうえ、逮捕される。彼はケルンのメッセ会場にあった仮収容所に拘禁された。

このときアデナウアーは、収容所からの逃亡劇を演じている。仲良くなった監督囚人と医者に協力してもらい、まず仮病で病院に搬送され、その後、妻グッシーらの助けを得て病院から脱走したのである。しかし、グッシーがゲスターポに逮捕・尋問され、娘の安全と引き換えに夫の居場所を漏らしてしまう。結果アデナウアーは再び逮捕され、一九四四年九月二五日、ケルン近郊のブラウヴァイラー刑務所（仮収容所）に収監された。皮肉なことに、ちょうどこの日は、グッシーとの二五回目の結婚記念日、銀婚式にあたる日であった。このときグッシーが受けた精神的・肉体的な傷は深く、彼女の寿命を縮めることになる。

アデナウアーが釈放されたのは一一月二六日。釈放には、士官となっていた息子マックスの奔走があった。ブラウヴァイラーでは、アデナウアー自身は肉体的な拷問を受けなかったが、彼の部屋の真上が訊問室で、殴打の音や悲鳴が始終聞こえていたという。アデナウアーは、全体主義下で「人間的な感情を完全に失った」人間を、あらためて実感した。また、病院からの脱走を手伝ってくれた将校が逮捕されたことを知り、自分の軽率な行動を後悔し、良心の呵責《かしゃく》に苛まされることになる。

実に受難の時代であった。アデナウアーはこのナチス支配の時代を何とか生き抜き、レーンドルフの自宅で終戦を待つことになる。

第Ⅱ章　占領と分断――第二次世界大戦後の四年間

1　米英仏ソによる占領

ドイツの「崩壊」

敗戦によって、ドイツ帝国は崩壊した。一九四五年二月のヤルタ会談、同年七月のポツダム会談によって、米英仏ソの四ヵ国による連合国管理理事会のもとで、各国がそれぞれ占領行政を担当する四つの占領地区に分割された。帝国の首都ベルリンも、四ヵ国に分割占領された。

なお、ポツダム会談時点の連合国は、将来的には単一のドイツ中央政府を成立させ、この政府と連合国とが講和条約を締結する見通しを持っていた。また、ポツダム協定は、当時の臨時ポーランド政府の要求を反映して、オーデル川とナイセ川をつなぐ「オーデル・ナイセ線」をドイツとポーランドの国境とするとしていた。その結果、ドイツはかつての国土のおよそ四分の一を失うことになった。

人的・物的な被害も甚大であった。ドイツ人戦死者は、数え方にもよるが、七〇〇万人を下らなかった。また未亡人は三〇〇万人にのぼり、孤児もあふれた。空襲と地上戦によって、多くの都市は瓦礫《がれき》の山と化した。住宅の約四分の一が倒壊し、二〇〇〇万人が住居を失った。特に首都ベルリンは、戦争の最後の二週間で四万トンもの砲弾を浴び、建物の四分の三が居住不能となっていた。また、前述の東部新国境の画定により生じた「被追放民」など、約一〇〇〇万人が故郷を追われ、難民となった。食糧は枯渇し、飢餓が人々を襲った。成人の一日摂取カロリーは、二〇〇〇キロカロリーほどであるべきところが、一〇〇〇〜一四〇〇キロカロリーにまで低下していた。医療も行き届かず、疫病が流行した。

以上が、「零時（Stunde Null）」と呼ばれた敗戦直後のドイツの状況であった。

終戦時のケルンも瓦礫の山と化していた。しかし、六九歳のアデナウアーは「深く屈すれども折れたにあらず」と語る。彼には経験があった。荒廃した祖国を前にアデナウアーが想起したのは、第一次世界大戦後のドイツであった。前述のように、敗戦とそれに続く混乱から、一九一八年から二四年までは、ラインラントの人々にとって苦難の歳月であった。しか

第2次世界大戦後のドイツ

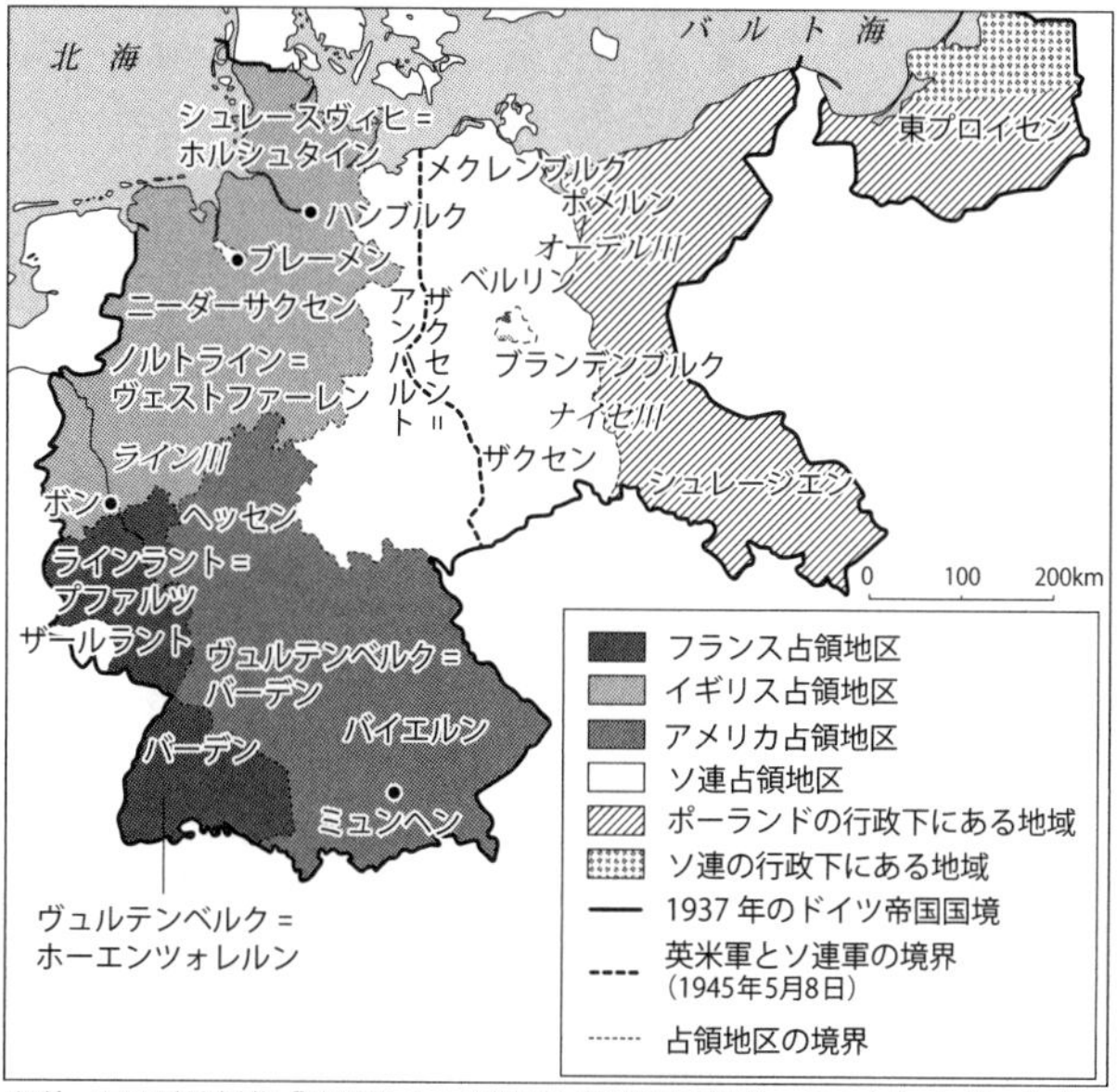

出所：石田勇治編著『図説ドイツの歴史』（河出書房新社，2007年）を基に作成

しそれでも、復興は可能だったではないか。

当時を思い出してアデナウアーは次のように述べている。「これらすべて〔第一次世界大戦からの復興〕をあの当時に実現し得たことを想起するなら、われわれは現在の困難も克服できるだろうと勇気がわいてきた。〔……〕それは、あのときケルン市長を務めていたわたしにとって、勇気と忍耐と粘り強さが何を可能にするかの具体的で体験に根ざした実例であった」。こうした経験とオプティミズムこそ、アデナウアーの強みだった。

米軍による市長任命と英軍による罷免

アメリカ軍がレーンドルフに到着したのは一九四五年三月半ばだった。五月四日、すなわちドイツの無条件降伏の四日前、アメリカ軍はアデナウアーをケルン市長に任命した。というのも、アデナウアーは「アメリカ側のホワイト・リストのなかでもドイツ全体でナンバー1」だったからである。つまり、ナチスの反対者であり、同時にアメリカ占領の協力者《コラボレーター》に最も適格な人物との判定を受けていたのである。このときアデナウアーと占領米軍との関係が実に良好だったことは、回顧録からもうかがえる。

仕事は山積していた。市は瓦礫の山である。五万九〇〇〇あった建造物のうち、半数以上が全壊。無傷で残ったのは三〇〇ほどに過ぎなかった。市民も飢餓状態である。食糧供給が喫緊の課題となった。このときアデナウアーは馬車馬のように働いた。また、市のバスをブーヘンヴァルト、ダッハウ、テレージエンシュタットといった強制収容所に派遣し、生き残った者たちの帰還に努めた。これは自治体ではあまり類例のない英断であった。そして、再びケルンを近代都市にするために、大規模な再建構想を練った。

しかし、このときの市長職は長くは続かなかった。一九四五年六月末、ケルンは、アメリカに代わってイギリス占領軍の統治下に入ることになった。ちょうどその頃イギリスでは、総選挙で労働党が保守党に勝利し、戦争を指導したチャーチルに代わって、アトリー労働党政権が成立した。この政権交代が、イギリスのドイツ占領にも大きな影響を及ぼす。イギリス占領当局は、ドイツであからさまに社会民主党を支持する一方、アデナウアーに対しては冷ややかだったからだ。

廃墟と化したケルン

両者は衝突ばかりであった。たとえば、イギリス軍が燃料確保のために、アデナウアー市政のシンボルであるグリーンベルトを伐採しようとしたのに対し、アデナウアーは、わずかばかりの燃料のために貴重な樹木を伐採するよりも、ルールから石炭を持ち出してくればよいではないかと反発した。回顧録では、アメリカ軍との関係が温かく描かれているのとは対照的に、イギリス軍に関する記述は猜疑《さいぎ》に満ちている。このときのイギリスに対する反感が、のちのアデナウアー外交にも影を落としていると指摘する研究者は多い。

一九四五年一〇月六日、アデナウアーは、再建のための「義務を果たさなかった」として、イギリス軍により市長を罷免されたうえ、ケルン市からの追放および政治活動の禁止を言い渡される。この政治活動禁止措置は一一日には緩和され、ケルン市外での活動は許可されたが、処分が全面的に解かれるのは一二月一三日であった。

アデナウアーは失望した。ナチスではなく、「解放者」に罷免されたからである。しかし、結果的にこの市長罷免が、のちのアデナウアーのキャリアにはプラスに働くことになる。もしこのときケルン市長にとどまっていたら、この大都市の復興事業に追われるまま占領期を過ごしたと予想されるからである。

イギリス軍による市長罷免は、そうした膨大な業務からアデナウアーを解放し、「政党政治家」として再出発すること、すなわちキリスト教民主同盟（CDU）という宗派を超えた政党の創設と、そこで自分の権力基盤をじっくりと築いていくことを可能にしたのである。

2 戦後のアデナウアーの世界像

プロイセン＝ドイツの権力政治批判

政党政治家として権力を掌握していくアデナウアーをたどる前に、ここではアデナウアーがいかなる信条と現状認識から戦後の政治に臨んだかを見ておこう。

戦後のアデナウアーは、ドイツ人にみられる国家権力崇拝、物質主義の蔓延、ナショナリズムへの傾倒を繰り返し批判し、政治に倫理的基盤を回復させ、個人の自由や尊厳を取り戻すべきだと説いた。この点は、一九四六年三月、アデナウアーがキリスト教民主同盟のイギリス占領地区委員会の議長に選出され、後述する「ネーハイム＝ヒュステン綱領」を説明するために行った、二つの重要な演説のなかで明瞭に述べられている。以下、その論旨を簡単にたどってみよう。

アデナウアーによると、ドイツ人は長いあいだ、国家、権力、そしてそれに対する個人の位置づけについて誤った考えを抱いてきた。ドイツ人は国家を神格化し、個人の価値や尊厳を国家に従属させたのである。こうした「国家全能」という考え方は、まずプロイセンで支配的となり、一八七〇～七一年の対仏戦争と、プロイセンを中心とした国家統一によって、ドイツ全体に広まったとされる。思想史的には、ヘルダーやロマン主義者たちの民族精神論や、ヘーゲル哲学が、国家の神格化を推し進めた。しかし国家は、現実にはヘーゲルが言うような「人倫の体系」などではなく、剝き出しの権力に他ならず、その神格化は個人を必然的に抑圧する。また国家の神格化は、国家権力の最も明瞭な表現たる軍隊の賛美にもつながる。こうして軍国主義も、ドイツ人の心情に根付いてしまった。

アデナウアーは、以上のような国家権力への崇拝と、それに伴う個人の尊厳の抑圧というドイツ史の傾向が、ナチスを導いたと主張するのである。

二つの物質主義

こうした国家崇拝批判と密接に結びついているのが、物質主義批判である。ドイツ人の国家権力崇拝を深いところで支えているのが、「物質主義的世界観の恐るべき蔓延」であった。この物質主義は、ドイツ帝国創立後の急速な工業化、都市への異常な人口集中、それらと結びついた人間の「根無し草化」によって道が開かれた。そして、物質主義的世界観に囚われ、根無し草と化した人間は、個人の倫理的価値や尊厳を捨てて、いっそう国家と権力にすがる。結局「ナチズムとは、物質主義的世界観が生む権力礼賛と、個人の価値の軽視、それどころか蔑視が突き詰められて、犯罪的なものにまで達した結果に他ならない」とするのである。

加えてアデナウアーは、「マルクス主義の唯物主義的歴史観」が、この物質主義の蔓延に拍車をかけたと主張する。アデナウアーにとって、階級闘争原理に基づくマルクス主義は、国家あるいは一つの階級に政治的・経済的権力を集中させようとする、個人の自由の敵だった。マルクス主義が必然的に「独裁への道」につながるということは、それを奉じる国、すなわちソ連の歴史が示しているとする。

アデナウアーは、物質主義と権力崇拝の蔓延が行きつく果てとして、ナチズムとスターリニズムを同一の範疇《はんちゅう》に位置づけたのである。

個人の自由、キリスト教倫理、民主主義

こうした敵に対し、アデナウアーが守ろうとするのが、個人の尊厳と自由である。「個人の人格は、実存および序列において国家に先行する」。国家とは、民族などにではなく、個人に奉仕すべきものなのである。

アデナウアーにとって、こうした個人主義（人格主義のほうが適切かもしれない）を基礎づけるのが、「キリスト教的自然法」であり、キリスト教倫理である。しかし、ここで重要なのは、アデナウアーが個人の自由のために、そしてドイツ再建のために最も必要なものとして、「民主主義の精神」を強調していることである。

アデナウアーは、「民主主義とは、議会主義的な統治形態に尽きるものではない。それは、一つの世界観であり、個人の尊厳や価値、そして譲渡不能の権利についての理解に根ざすものなのである」と言う。民主主義によって、個人の尊厳や価値は、政治・経済・文化の各領域で尊重され、開花するのである。

国際情勢認識

次に、第二次世界大戦直後のアデナウアーの国際情勢認識を見てみよう。アデナウアーは、ごく初期から冷戦の帰結としてヨーロッパの分断を予測し、西欧の統合を唱えていた。それは、一九四五年一〇月三一日にデュイスブルク市長ハインリヒ・ヴァイツに宛てた手紙が示している。少し長くなるが、きわめて重要かつ有名な史料であり、引用してみよう。

> ロシア〔ソ連〕は、ドイツの東半分、ポーランド、バルカン、そしておそらくはハンガリー、それにオーストリアの一部を掌握している。
> ロシアはますます他の大国との協調から手を引き、自分の支配地域で完全に自己の裁量に基づいて采配を振っている。彼らに支配された諸国では、いまやすでにヨーロッパの他の部分とはまったく異なる経済的・政治的原則が支配している。

こうして東欧、すなわちロシア地域と、西欧との分裂は事実となった。西欧の指導的大国は英仏の二国である。ドイツの非ロシア占領地域は西欧に不可欠な部分である。この部分が病身だと、それは西欧全体にとっても英仏にとっても深刻な結果を生むであろう。西欧を英仏の指導下に結集し、ドイツの非ロシア占領部分を政治的・経済的に癒して再び健康にすることは、ひとりドイツの非ロシア占領部分にとってのみの利益ではなく、英仏の利益でもある。

ラインラントとヴェストファーレンのドイツからの分離は、この目的にそぐわず、逆の結果を招くだろう。すなわち、非ロシア占領部分ドイツの政治的な東側志向を招くだろう。

フランスとベルギーの安全保障要求を真に永続的に満たすことができるのは、西ドイツ、フランス、ベルギー、ルクセンブルク、オランダの経済的な結合（Verflechtung）だけである。もしイギリスがこの経済的結合への参加を決意するなら、「西欧諸国の連合（Union）」という待望の最終目標へ実に大きく近づくこととなろう。

ソ連観と二元論的世界観

アデナウアーは、大陸の分断が不可避であると認識しつつ、「西欧諸国の連合」の必要性を訴えた。ここで重要なのは彼のソ連観である。アデナウアーにとって、共産主義とそれを奉じるソ連は、全体主義と無神論の体現者であり、攻撃的な「アジア」の勢力であった。一九四六年三月、ある手紙でアデナウアーは「危険は巨大です。アジアがエルベ川〔チェコ北部からドイツ東部を流れ、北海に注ぐ川〕に立っています」と書いている。

またアデナウアーは、世界政治をマニ教的な善悪二元論で解釈する。一九四七年五月、スイス在住の工業家に向けた手紙では次のように述べる。「ご承知のように、最終的にはヨーロッパにも世界にも二つの大きな陣営しか存在しません。つまり、キリスト教的＝西洋的な陣営〔…〕と、アジア陣営です」。

このようにアデナウアーは、共産主義とソ連を、全体主義、無神論、アジアといったシンボルと結びつけ、徹底的に拒否した。アデナウアーにとってソ連・共産主義陣営は、敵というだけでなく、攻撃的で交渉不能の相手という認識だった。それゆえアデナウアーは、共産主義陣営との妥協や対話すら許さない。こうした頑なな反ソ・反共主義は、デタント（緊張緩和）の時代には西ドイツ外交の足枷となったが、冷戦の初期にはアデナウアーの政治的立場を強める方向に作用した。

以上のようなアデナウアーのソ連観は、基本的に終生変わらなかった。たしかにアデナウアーも、このちにみるように、ソ連との交渉を試みる時期があった。しかし、首相辞任後の一九六四年一一月に、東方外交を展開しようとするフランスのド・ゴール大統領に対して、「結局のところソ連は、ツァーの帝国とまったく一緒で、世界で最も攻撃的な国なのだよ」と警告している。

ヨーロッパ統合というプロジェクト

重要なことは、こうした反共主義の文脈でヨーロッパの統合が唱えられることである。もちろん、アデナウアーは戦間期から独仏協調を軸としたヨーロッパ統一の夢を語っていた。独仏協調という課題の重要性は第二次世界大戦後にいっそう増し、アデナウアーは独仏関係を重視したヨーロッパ統合に邁進《まいしん》することになる。

ここで注意したいのは、ヨーロッパ統合が、反共主義との関わりで、「キリスト教的＝西洋的な文化」の救済という文明史的な課題を割り当てられている点である。少し後の時代のものだが、一九五一年の演説でそれを確認しておこう。

〔ソヴィエト・ロシアは〕わたしたちのキリスト教的な世界観とは真っ向から対立する世界観に基づいた政治を追求し、そうした政治的見解と手法を広めようとするがゆえに、致命的な脅威なのです。わたしたちは国家や暴力が万物の最高の尺度であるとは考えませんが、ソヴィエト・ロシアでは、人間の人格に尊厳や権利が認められず、国家が、より正確に言えば国家を手中に収めた者たちが、人間の顔をしたすべてのものに対して無制約かつ恣意的に支配権力を行使しています。この点について多くを申し上げる必要はないかと思いますが、もう一度はっきりと強調させてください。キリスト教の最も致命的で最も恐ろしい敵が、ソヴィエト・ロシアなのです。〔…〕

ヨーロッパの政治統合は、単に仏独間の問題にとどまりません。たしかに、仏独間の永続的な協調はヨーロッパ統合の一つの前提です。けれども、ヨーロッパの統合は、もっと偉大で広範なものです。フランスとドイツ以外にも、イタリア、ベネルクス諸国、オーストリア、そして可能ならば北欧諸国やイギリスもそれに加わるべきです。そして、もしわたしたちが西洋の文化とキリスト教的ヨーロッパを救おうとするならば、ヨーロッパを統合せねばなりません。ヨーロッパ統合は、キリスト教的西洋を救済することができる唯一の策なのです。

この「西洋文化とキリスト教的ヨーロッパの救済」は、もちろんドイツ抜きではありえない。「ドイツはヨーロッパの中央に位置している。その地理的位置から、ドイツが経済的・政治的に健全な一員として完全に受け入れられた場合にのみ、健全で政治的生命力を持つヨーロッパが誕生する」からである。

すでに一九四六年三月、アデナウアーはラジオ放送で「そう遠くない将来、ドイツも属するヨーロッパ合衆国が創り出されることをわたしは望んでいます」と述べた。チャーチル前英首相がチューリヒで有名な「ヨーロッパ合衆国」演説をするのは、この六ヵ月後のことである。

キリスト教民主主義へ

以上の信条の実践が、アデナウアーにとっての「キリスト教民主主義」である。

キリスト教民主主義は、個人の尊厳と自由を実現する民主主義であると同時に、ヨーロッパ統合をも実現に導くものである。彼は言う。「なぜわれわれはキリスト教民主主義と名乗るのでしょうか。〔…〕それは、キリスト教的・西洋的な世界観とキリスト教的な自然法、そしてキリスト教倫理の諸原則に根差した民主主義のみが、ドイツ人民《フォルク》に課された巨大な教育的責務を果たし、再興を可能にすると、深く確信しているからです」。

こうした理念の担い手とされたのが、キリスト教民主同盟（CDU）という「国民政党《フォルクスパルタイ》」であった。

3　キリスト教民主主義政党の指導者へ

宗派を超えたキリスト教政党に向けて

戦後、ブルジョワ陣営の政治家たちの課題となったのは、カトリックとプロテスタントの選挙民を糾合した、非社会主義的で超宗派的な政党の創出である。

この超宗派的なキリスト教政党というアイデア自体は新しいものではない。ドイツの政党政治では中央党というカトリック政党がナチ体制成立まで重要な役割を果たしてきたが、この中央党のなかで、カトリックの「塔から出て」プロテスタントと手を結ぼうとする動きは何度も試みられていた。第二次世界大戦が終わると、ヴァイマル共和国における小党分裂状態がナチスの独裁を招いたという反省から、宗派の壁を超えた政党を創る機は熟してきた。

超宗派的なキリスト教民主主義政党の創設は、ベルリン、ケルン、そしてフランクフルトを中心に展開された。特にラインラント地域では、かつての中央党を中心としたカトリック労働運動のネットワークを基に新党が創られた。後述するが、のちのキリスト教民主同盟（CDU）全体の方向性を定めたのが、イギリス占領地区のCDUであり、その結成を主導するのが、ラインラントの中心都市ケルンのグループであった。

ケルンでは終戦直後から、元プロイセン議会議員レオ・シュヴェーリングを中心に、旧中央党を基盤とした、単なるカトリック政党の復活ではない、超宗派的なキリスト教民主主義政党の設立が模索されていた。

敗戦の翌月、つまり一九四五年六月一七日にはケルンのコルピング寮に旧中央党の政治家たち一八人が集い、「キリスト教民主党（CDP）」の創設に向けて本格的な動きが始まる。七月一日には党綱領草案として「ケルン原則」が採択された。これは、キリスト教社会主義色がきわめて強いものであり、たとえば炭鉱や鉄道の国有化が掲げられていた。このケルン原則を掲げたグループは、八月一九日に正式にキリスト教民主党を結成する。

当時市長職にあったアデナウアーは、このコルピング寮の集会からケルン原則採択までの動きについて、逐一情報は得ていたものの、当初は静観を決め込み、党設立の協力要請も断っていた。この時点では中央党復活の可能性も残されており、新党が軌道に乗るかどうか不透明だったからである。

しかし、一九四五年七月末、もはや中央党再生の可能性はないと判断したアデナウアーは、キリスト教民主党に積極的に関与していく。九月二日のラインラント州CDPの結党集会では、自身は欠席したにもかかわらず、党の七人議長団の一人に選出されるなど、すでに新党の中心人物と見なされていた。

こうした地方レベルにおけるキリスト教民主主義運動の展開は、程度の差はあれ米英仏ソ四占領地区で見られた。ポイントは、これらキリスト教民主主義運動の組織化が、中央からの指令ではなく、地方レベルで自生的に行われたことである。これが、のちのCDUの分権的性格の原因となる。

ともあれ、こうなると全国レベルでの組織化、中央集権化が問題となってくる。さっそく一九四五年一二月一四日から一六日まで、バート・ゴーデスベルクで「全国集会」が行われた。そこでは、アンドレアス・ヘルメスやヤーコプ・カイザー（一八八八～一九六一）らベルリンの党創設者たちと、ラインラントやヴェストファーレンの党との間の主導権争いが生じる。

アデナウアーは、ベルリンはソ連の圧力にさらされており、ベルリンの党に主導権を握らせることは、全ドイツをソ連の影響下に置くことになりかねないと考えた。結局、組織化は進まなかったが、ゴーデスベルクでは、党名を「ドイツ・キリスト教民主同盟」にすること、そして共通の指針は「キリスト教的な責任に由来する社会主義（Sozialismus aus christlicher Verantwortung）」であることが合意された。

イギリス占領地区CDUのリーダーへ

その一方でイギリス占領地区CDUは、党員を順調に増やしつつ、組織化を進めていった。ゴーデスベルクの全国集会ののち、イギリス占領地区から八人の代表を集め、CDUイギリス占領地区委員会が構成された。占領地区単位で組織化されたのはCDUではイギリス占領地区だけであり、このことがCDU全体におけるイギリス占領地区の党の重要性を高めていく。

一九四六年一月二二〜二三日、ヘアフォルトで最初のイギリス占領地区委員会の会議が開かれた。ラインラント州代表として参加したアデナウアーは、自分が一番年長だからということで、当然のように議長を務め、終始議論をリードして、首尾よくイギリス占領地区委員会の暫定議長に選出された。周囲があっけにとられるほど巧妙な議事進行だった。

アデナウアーが正式に地区委員会議長に選出されたのは、一ヵ月後のネーハイム＝ヒュステン会議（一九四六年二月二六日〜三月一日）である。この会議ではイギリス占領地区党綱領、いわゆる「ネーハイム＝ヒュステン綱領」が採択されるのだが、これは、戦後ドイツの政治経済秩序構想を研究した野田昌吾によると、「本質的にアデナウアーの作品だと言ってもよい」もので、前述のケルン原則とはまったく異なるものとなった。ケルン原則にあったキリスト教社会主義的な要素は後景に退き、自由民主主義的な要素が強調されたからである。すなわち、ケルン原則では、共通善や公共の福祉の観点から私的所有の制限が主張されていたが、ネーハイム＝ヒュステン綱領では、徹底的に個人の自由が重視されたのである。

こうしてイギリス占領地区CDUの路線は、キリスト教社会主義的なものと自由民主主義・市場経済志向的なものとの間の妥協に定まっていく。この点は、一九四七年二月一～三日にアーレンで行われた委員会の会議でも示された。このとき採択された「アーレン綱領」は、キリスト教社会主義を掲げるヨハネス・アルバースの草案をもとにして、共同決定権や計画・統制経済などの社会主義的主張を含んでいた。しかし、アデナウアーらは、それに市場経済的・自由主義的な要素を盛り込むことによって、綱領を玉虫色のものに修正していく。妥協的な綱領の採択によって、アデナウアーは、キリスト教労組派を党内に統合することに成功した。こうしてアデナウアーは、イギリス占領地区CDUの指導者としての権力基盤を固めていったのである。

ヤーコプ・カイザー

他方、占領地区を超えた党活動はいまだ困難な状況にあった。前述のように、各党がバラバラに発展し、思想的違いも顕著だったからである。一九四六年にあるフランスの新聞はCDUを「ベルリンでは社会主義的で急進的、ケルンでは教権主義的で保守的、ハンブルクでは資本主義的で反動的、ミュンヘンでは反革命的で分立主義的」と揶揄している。

こうした分断と相違を乗り越えるため、全国レベルの党協議の場として暫定的に設置されたのが、「CDU／CSU作業協同体」であった。

ここを主たる舞台に、CDUの路線と主導権をめぐってアデナウアーと争ったのが、ソ連占領地区CDU議長ヤーコプ・カイザーである。カイザーは、元中央党員でキリスト教労組派の大物であり、やはり戦後に「キリスト教社会主義」を掲げていた。

社会経済体制をめぐるヴィジョンの違いもさることながら、アデナウアーとカイザーの違いが顕著だったのが、外交である。すでに述べたように、アデナウアーが当初から断固たる「西側結合」路線を選択していたのに対し、カイザーは、ドイツを「東西間の架け橋」にしようと考えていた。カイザーは、西の資本主義でもなく、東の共産主義でもない、「第三の道」を内政的にも外交的にも歩もうとしたのである。冷戦の進行を睨みつつ、ドイツの未来は西側にしかないと考えていたアデナウアーは、カイザーの構想に断固として反対し、CDUにおけるカイザーの影響力を極力排することに努める。

結局、この両者の路線闘争については、時代がアデナウアーに味方する。米ソ間の関係が悪化するにしたがって、ソ連軍政府の庇護のもとドイツ社会主義統一党（SED／ソ連占領地区で共産党と社会民主党が合併したもの）が他党への圧力を強め、東側に敵対的姿勢を鮮明にしたカイザーが、一九四七年一二月二〇日に、ソ連軍政府の圧力によりCDU議長の座を解任されてしまったからだ。これに伴い、CDU全体に対するベルリンの党の影響力も急速に失われていく。また、「東西間の架け橋」構想も、冷戦が本格化するなかで現実味を失っていった。

ノルトライン＝ヴェストファーレン州での活動

ドイツは中央政府が存在しないまま占領下に置かれたが、各占領地区では州（ラント）が設置され、占領地区によって権限の範囲は異なるものの、これが日常的な政治行政を担うことになる。州のなかには、領域的に戦前のラントが復活したものもあるが、再編・新設されたものも多かった。この州の政府と議会が、戦後ドイツ再建の基盤となっていく。

一九四六年七月一八日、イギリス占領地区で、ルール地方も含むノルトライン＝ヴェストファーレン州の創設が布告された。これは、ソ連が要求していたルールの共同管理と、フランスが要求していたルール分離構想、そのどちらも阻もうとするイギリスの方策であった。州創設公示の三日前の一五日、イギリス軍政長官代理ブライアン・ロバートソンは、イギリス占領地区諮問委員会の政党代表であったアデナウアーたちの意向をベルリンで聴取した。そこでアデナウアーは、新州創設に積極的に賛成している。

このノルトライン＝ヴェストファーレン州の創設は、イギリス発案のものだったが、アデナウアーにとっては戦間期における彼の「西ドイツ州」構想に合致するものであった。つまり、新州の創設は、ラインラントをプロイセンの支配から解放するものであった。また、北《ノルト》ライン地方とルール地方を結びつけた広範な州を創ることによって、ドイツ経済の心臓部を守るとともに、ルール地方の共産主義者の力を相対的に薄めることが期待された。

一九四六年一〇月二日、ノルトライン＝ヴェストファーレンの最初の州議会がデュッセルドルフに招集された。その際、アデナウアーはCDUの州議会議員団長（院内総務）に選ばれている。

歴史家マリー＝ルイーゼ・レッカーは、この時期のアデナウアーの活動のなかでも、この議員団長の経験が重要だったと主張する。組織の凝集力が弱く、綱領も未定の党では、議員団長の役割は重要であり、のちの首相在任時に役立つことをたくさん学ぶことができたからである。たとえば、内閣を支えつつ決定に参与するという議員団の役割を学び、労組派と財界派、カトリックとプロテスタント、ラインとヴェストファーレン、これら議員団内部における政治諸勢力間のバランスをとることにも習熟する。

他方、アデナウアーがこのとき、自党内の「大連立」路線に敗れた経験も大きかった。一九四七年四月の州議会選挙後、アデナウアーは自由民主党（FDP）などとの「ブルジョワ連合」の形成を試みたが、カール・アーノルト（一九〇一～五八）を中心とする党内左派の勢力に屈し、CDUは社会民主党（SPD）との「大連立」を組む。結果、アーノルトが州首相となり、大連立政権は「社会化」路線を進めようとし、これに危機を感じたアデナウアーは、社会民主党を権力から排除した政治を、以前にも増して追求することとなったからである。

英米占領地区の経済評議会

一九四七年六月、英米は両占領地区の経済的統合を決定し、統合された経済領域における立法府・行政府として経済評議会をフランクフルトに据えた。アデナウアーは評議会の構成員ではなかったが、CDU議員団長のフリードリヒ・ホルツアプフェル（一九〇〇～六九）を通して、影響力を行使する。

この経済評議会における政党政治は、二つの点で、のちの連邦共和国政治につながるものとして重要である。

第一に、CDUとキリスト教社会同盟（CSU）の共同の議員団が結成されたことである。CSUは、アメリカ占領地区のバイエルン州を地盤とした、CDUよりも保守的な地域政党である。このCDUとCSUの共同議員団（共通院内会派）は、西ドイツの連邦議会にも引き継がれる。

第二に、CDU／CSUと、FDPおよび北部ドイツの保守政党であるドイツ党（DP）との連立が形成されたことである。ここでアデナウアーは、SPDを排除し、「ブルジョワ連合」を形成することに成功した。

キリスト教民主主義の国際ネットワークでの活躍

このようにアデナウアーは、超宗派的な国民政党を志向したCDUという政党のなかで、自己の権力基盤の確立と政治理念の貫徹を目指した。そして、キリスト教民主主義者としての彼の活動は、占領期においても、ドイツ内だけにとどまるものではなかった。

第二次世界大戦後、ヨーロッパのキリスト教民主主義者の多くは、国際的な協調の必要性を痛感していた。もちろんそこには、平和への切なる希求と、ファシズムと戦争によって破壊された人的・組織的なつながりを回復させようという意図があった。とはいえ、何よりも重要だったのは、新たに冷戦という状況を迎え、共産主義の脅威に対してヨーロッパ・レベルで対抗する必要性が認識されたことだった。さらに、この反共主義と表裏一体の関係にあるが、戦後のキリスト教民主主義者たちの多くが、ヨーロッパの統合を志向していた。平和と反共と統合、この三大目標のため、欧州各国のキリスト教民主主義者の国境を越えたネットワーク形成が進められたのである。

こうした第二次世界大戦後のキリスト教民主主義の国際ネットワークを代表するものとしては、まずヌーベル・エキップ・アンテルナシオナル（Nouvelles Équipes Internationales: NEI）が挙げられる。NEIは、各国のキリスト教民主主義グループから構成される国際組織であり、現在の欧州議会における欧州人民党の前身である。

このNEIで、アデナウアーはドイツのキリスト教民主主義者の代表として活躍する。一九四八年一月三〇日から二月一日にルクセンブルクで行われたNEIの第二回大会では、ドイツ代表も参加が認められ、CDUからはアデナウアーとカイザーが出席した（ほかにCSUと中央党の代表がいた）。第二次世界大戦後、政治的な国際会議の場にドイツの参加が認められたのは実質的にこれが最初であり、ドイツの国際社会復帰への予行演習となる。

アデナウアーはそこで、ドイツ人には集団的罪責があるという議論を断固否定するとともに、ヨーロッパの統一と、その基盤となる独仏友好、そして「キリスト教的西洋の救済」を訴える演説まで行っている。このときドイツ代表はオブザーバーとしての参加だったが、アデナウアーの活躍により、次回以降正式メンバーと認められることとなった。そして、このアデナウアーの演説は、まだ占領下にあったドイツの外交的成功と評されることになる。

ジュネーブ・サークル

また、アデナウアー外交の始動として見逃せないのが、西欧の指導的なキリスト教民主主義政治家が集う定期的な秘密会合「ジュネーブ・サークル」の存在である。

ジュネーブ・サークルは、ヨーロッパ分断が進みつつあった一九四七年九月に、スイスに亡命していたドイツ人ヨハン・ヤーコプ・キント＝キーファー（一九〇五〜七八）と、フランス人外交官・ジャーナリストのヴィクトール・クツィーネ（一九一〇〜九一）が、CDU／CSU作業協同体の事務局長ブルーノ・デルピングハウス（一九〇三〜九五）に、独仏の政治指導者が意見交換するクローズドのサークルの形成を提案したことに始まる。中立国スイスは、特にドイツ人政治家にとって、占領軍当局の目が届かない、秘密会合に適した地であった。このサークルは、独仏のほかにオーストリア、ベルギー、イタリア、オランダ、スイスの西欧五ヵ国の指導者を加え、ヨーロッパ統合や独仏関係に関する自由かつ率直な意見交換の場として、一九五五年まで機能する。

一九四八年三月の第二回会合にドイツ代表として参加したアデナウアーは、ジュネーブ・サークルの重要性を認識する。アデナウアーにとってこのサークルは、ドイツ再軍備のようなきわめてデリケートなテーマについて率直に話し合うことができる理想のフォーラムだったからだ。

早くも一九四八年一二月、つまり西ドイツ建国前から、アデナウアーはこのサークルで、ソ連の脅威を強調しつつ、ドイツがヨーロッパ防衛に貢献する必要性を主張している。またここでアデナウアーは、来たる西ドイツ国家の第一回総選挙で、もしSPDが勝利した場合、「ドイツ議会はイギリスの影響下に置かれ」、結果的に将来のヨーロッパ組織でも「労働党のイギリスと社会主義の西ドイツが、キリスト教民主主義勢力を凌ぐことになるだろう」と警告していた。

後述するが、憲法制定など以前にも増して多忙をきわめていた一九四九年二月にも、オランダの友人に「この〔ジュネーブ〕会合は極秘で行われているのですが、私たちドイツ人にとってきわめて重大な意味を持っているので、私はこれに絶対に参加しなければならないのです」と手紙を送っている。

アデナウアーは、一九四九年三月のこのサークルの会合では、フランスこそがヨーロッパの再建と統合のリーダーシップをとるべきだと強調している。そして彼は、フランスとパートナーを組めるのはドイツ側では自分だけであることもアピールし続けた。こうしたアデナウアーの熱意に圧されるかのように、フランスのキリスト教民主主義政党である人民共和運動(MRP)の代表者たち、とりわけ第四共和政で外相・首相を歴任するビドー(一八九九〜一九六一)は、ドイツに対して驚くほど柔軟な姿勢で臨むとともに、アデナウアーをパートナーとして重用する。また、ほかの西欧のメンバーも、アデナウアーの政策を支持するようになる。

西ドイツ建国を控えた一九四九年の夏以来、アデナウアーはもはや直接ジュネーブ・サークルに顔を出すことはなくなったが、外交顧問のヘルベルト・ブランケンホルン（一九〇四～九一）や首相府次官オットー・レンツ（一九〇三～五七）を派遣し、サークルを積極的に活用し続けた。ヨーロッパ統合やドイツ再軍備、そしてドイツ再統一問題について重要な案件が持ちあがるたびに、ジュネーブ・サークルを通じて、西欧とりわけフランスの政治家たちと連絡を取り合い、自己の「西側結合」政策を貫徹していくのである。

以上のようにアデナウアーは、NEIやジュネーブ・サークルを通じて、占領期から自己の国際的立場を強めるとともに、積極的な外交活動を展開していたのである。

4　基本法の制定——ヴァイマル共和国の教訓

分断への道

ドイツ連邦共和国（西ドイツ）の成立、すなわちドイツの東西分断は、冷戦の進展と切り離すことができない。すでに一九四七年三月のトルーマン・ドクトリンの発表により、アメリカのハリー・S・トルーマン政権は、共産主義の「封じ込め」に乗り出した。また、六月に発表されたマーシャル・プラン（欧州復興援助計画）へのソ連・東欧諸国の不参加により、米ソの対立は明白となっていた。

さらに、ドイツ問題をめぐるモスクワ外相会議（一九四七年三月一〇日〜四月二四日）の決裂、最終的にはロンドン外相会議（一一月二五日〜一二月一六日）の決裂によって、ドイツの東西分断はほぼ確定的となる。

西側連合国は、ドイツ中央政府の樹立をあきらめ、米英仏占領地区の西側ドイツだけで国家を創設する方向へ舵を切った。一九四八年二月二三日、米英仏は、ソ連を排除し、新たにベネルクス三国を加え、ロンドンで六ヵ国会議を開催した。まさにその週、チェコスロヴァキアで政変が起き、共産党が権力を掌握する。ほかの東欧諸国でも共産党の権力独占は進められていたが、とりわけチェコスロヴァキアの政変は、精神的にも地理的にも西欧に近く、そのうえモスクワにも友好的と見られていた民主国で起きたため、西側諸国にとって衝撃であった。

こうして東西対立が先鋭化するなか、一九四八年三月六日、ロンドン会議はドイツ西側占領地区の統合を決定し、六月七日には新憲法の制定とそれに基づく西ドイツ国家の創設を内容とした「ロンドン勧告」を公表した。ただし、詳述は避けるが、この間、米英仏の対独政策の足並みは決して揃っていたわけではない。

一九四八年六月二〇日、ドイツ西側三占領地区で通貨改革が断行される。新通貨「ドイツ・マルク」が西側ドイツで流通し始め、ドイツ分断が固定化されようとしていた。六月二四日、こうした西側諸国の動きにソ連は、ベルリンから西ドイツへ通じる鉄道を遮断して対応した。世に言う「ベルリン封鎖」(第一次ベルリン危機)である。

これに対し米英両政府は空からの物資補給を決断、六月二六日に最初の空輸機が飛んだ。一九四九年五月一二日まで一一ヵ月間続く「ベルリン空輸」の始まりである。約二八万回の空輸で、およそ二三〇万トンの食糧・物資が運ばれたという。このベルリン危機は、第二次世界大戦で高められていたドイツ人の反共・反ソ感情を決定的にする一方、空輸を通じて「自由世界」の擁護者としてのアメリカ像が流布し、ドイツ人の親米感情を劇的に高めることになる。

こうして冷戦がエスカレートするなか、西側連合国は一九四八年七月一日に西ドイツ憲法の基本原則(連邦制、民主制、個人の権利及び自由の保障など)を定めた「フランクフルト文書」を州首相会議に手交した。

コブレンツで行われた州首相会議は、分断の固定化に対して抵抗を見せたものの、結局新憲法の制定に踏み切る。このときすでに、新憲法の名称として、暫定的性格を強調した「基本法」が登場している。そして、一九四八年八月一〇日から二三日、バイエルン州のヘレンキームゼーで専門家会議が招集され、憲法の素案が作成された。この素案が、次に述べる議会評議会に提出されることになる。

議会評議会の議長に

一九四八年九月一日、一一の州議会からそれぞれ選出された六五名の代表から成る議会評議会（Parlamentarischer Rat／意訳すると「憲法制定会議」）がボンに招集された。政党構成は、キリスト教民主・社会同盟（CDU／CSU）から二七名、社会民主党（SPD）から二七名、自由民主党（FDP）から五名、ドイツ党、中央党、共産党から各二名だった。また、ベルリンからも五名の代表が参加したが、彼らは発言権はあるが議決権はもたなかった。

初日にアデナウアーは、議会評議会の議長に、共産党は棄権したものの、満場一致で選出された。表向きの理由は、プロイセン国家評議会で議長を長年務めた経験からだったが、実は当初、この議長職は名誉職に過ぎないものと思われており、CDU／CSUと同議席のSPDが名を捨てて実を取ろうとしたのである。SPDは、代わりに自党のカルロ・シュミート（一八九六〜一九七九）を中央委員会委員長に据えることによって、議論の主導権を握ろうとしていた。また、CDU／CSUのなかにも、これがアデナウアーの「最後の花道」と考えていた人々も少なくなかった。

しかし、SPDの思惑は裏目に出る。アデナウアーは開会式の議長就任演説で、議会評議会が四六〇〇万人のドイツ人を代表していると述べた。これは西側地区と西ベルリンを合わせた人口であり、アデナウアーは、開会時にいきなり東側を切り捨てる宣言をしたのである。この大胆で論争的な就任演説からも、この議長が名誉職に甘んじる気がないことは明らかだった。

「特権的対話者」アデナウアー

とはいえ、議会評議会でアデナウアーが具体的な条文を作成することはなく、細かい注文もつけなかった。議会評議会に参加し、のちに西ドイツ連邦大統領となるテオドール・ホイス（一八八四〜一九六三）は、一〇年後に当時を振り返って、基本法について「アデナウアーは読点一つも関与していない」と述べている。しかしアデナウアーは、個々の条文には関与していないが、より大きなかたちで基本法制定に貢献したといえる。

第一に、最終的に基本法を認可する立場にある占領軍との窓口の役割をアデナウアーは果たした。よく知られているように、西ドイツの憲法制定過程における占領権力の介入はきわめて小さなものであったが、それでも大枠についての注文はつけていた。たとえば一九四八年一一月二二日に、八項目にわたって基本法の原則を確認した「基本法に関する覚書」が手交され、評議会側はこれに配慮する必要があった。

また、占領国が作成していた「占領規約」の内容について評議会は関知していなかった。こうした状況からも、占領軍と議会評議会間の連絡が重要だったが、それを主に担ったのがアデナウアーである。たとえば、一二月にアデナウアーはドイツ側代表団を組織して、占領軍との初の公式協議を主導している。

こうしてアデナウアーは、占領権力との「特権的対話者」の位置を獲得していく。ただし、この特権には危険も伴っていた。アデナウアーは、占領軍との交渉で、評議会内部の対立を占領権力に裁定してもらおうとしたのではないかという嫌疑をかけられ、共産党から議長解任動議を提案されたりしたからである(「フランクフルト事件」)。ともあれ、この占領権力との「特権的対話者」という地位は、連邦首相になってからもアデナウアーの最も重要な権力資源の一つとなる。

第二に、アデナウアーは、評議会内でさまざまな勢力間の調停者として振る舞った。たとえば、宗派に関わる事項(国家=教会関係や宗派学校問題など)が争点となった場合、他党、とりわけ自由民主党との軋轢《あつれき》を避けるため、自党やその背後の教会勢力の主張を抑え込むことも厭《いと》わなかった。また、議事進行そのものを妨害しようとする共産党をうまく排除した。

このときアデナウアーにとって重要だったのは、基本法をできるだけ迅速に成立させることだった。逆に言えば、最も避けたかったのが、各政党間の対立で基本法の制定が遅延することだった。なぜなら、この間にも一九四九年四月四日の北大西洋条約調印や、五月五日の欧州審議会規約（ロンドン条約）の採択など、冷戦とヨーロッパ統合、そしてその焦点たる「ドイツ問題」解決への模索が進行中であり、西ドイツ側も一刻も早くこうした動きに主体的に関与する必要があったからである。アデナウアーは、時には持論を曲げてでも、さまざまな争点で現実的な解決策を提示し、妥協へと導いていく。

一九四九年五月八日、基本法は議会評議会によって採択され（賛成五三票、反対一二票）、一二日に軍政府の承認を得て、一八日から二〇日に各州議会で投票にかけられたのち、五月二三日に布告された。

実は、この間の一九四九年三月二日には、占領軍が草案の修正を求めるという事態が生じていた。さらに四月一〇日に公布された占領規約の内容をめぐっても占領軍とドイツ側の意見が衝突していた。だが、結局この危機は、四月二二日に占領軍が「議会評議会の自立的な決定権を尊重する」と譲歩するかたちで収束している。この危機においても、アデナウアーは一貫してドイツ側と占領軍との間の「特権的対話者」の役割を演じたのである。

こうしてアデナウアーは、議会評議会議長を首尾よく務め上げることによって、占領国の信頼を獲得するとともに、西側ドイツを代表する指導者の位置につく。後年、ＳＰＤのシュミートは、「アデナウアーを〔議会評議会〕議長に選出したことが、戦後のSPDにとって最大の誤りだった」と述べているが、これは、いかにこのときの議長職がアデナウアーの上昇にとって重要だったかを物語っていよう。

基本法の性格――「ボンはヴァイマルではない」

ここで、基本法とその秩序の性格について、ごく簡単に触れておこう。まず基本法という名称は、正式な憲法ではないという含意を持つ。序章で触れたように、このときは、ドイツを統一した後、あらためて正式に憲法を定める予定だったのである。連邦共和国の憲法＝基本法秩序は、その名称からして暫定的性格を持っていた。

暫定的性格は、首都の選択にも表れた。基本法公布に先立つ一九四九年五月一〇日、議会評議会は、その開催地ボンを首都に決定した（賛成三三票、反対二九票）。一八四八年革命時にドイツ国民議会が開かれた場所であるフランクフルト・アム・マインを推す声も多かったが、敗れた。基本法の父たちは、ドイツ国民の統一性を象徴する都市フランクフルトよりも、西ドイツ国家の暫定的性格を強調できるボンを首都に選んだのである。

基本法の根幹理念は、自由民主主義、連邦制、社会国家（福祉国家とほぼ同義）の三点に大きくまとめることができる。しかし、その自由民主主義は、独特なかたちで運用されることとなった。なぜなら、基本法は、ヴァイマル共和国の経験を強く意識していたからである。制定当時、「世界で最も民主的」と言われた憲法を有したヴァイマル共和国が短命に終わり、その次にナチ体制という未曽有の全体主義体制が成立したという事実は、基本法制定に関わる人たちの脳裏から離れることはなかった。

議会評議会に集まった人々は、ヴァイマル共和国時代の政治を次のように理解していた。第一に、比例代表制により小党が乱立し、安定した多数派形成が困難だった。第二に、議会制そのものを否定する勢力が議会で活動することを許し、ナチ党や共産党など、反議会主義勢力が議会の過半数を占めるにいたった。第三に、議会が機能麻痺に陥ると、人民投票に基づく強大な大統領権力に依拠して政権運営を行わざるをえなくなった。

こうしたヴァイマル共和国時代の反省から、基本法は次のようなものになった。第一に、「建設的不信任」制度が導入された。簡明に言えば、不信任案を提出する際には、必ず後任の用意を求めたものである。第二は、大統領の名誉職化である。大統領は、ほとんど儀礼的な存在とされ、さらに国民ではなく議会によって選出されるものとされた。第三は、国民発案《イニシアティブ》や国民票決《プレビシット》といったヴァイマル憲法が規定していた直接民主主義制度の廃止である。第四は、自由民主主義を破壊する目的を持つ政党の活動を認めないという「憲法敵対的」政党の禁止である。これは、「闘う民主主義」と呼ばれ、実際に共産党やネオナチ政党が禁止されることとなる。

また、基本法の条項ではないのだが、いわゆる「五％条項」の導入も重要である。これは、極端な小党分立を避けるため、全国で五％以上得票した政党だけに、議会の議席を与える制度である。この五％条項は、一九五三年の第二回連邦議会選挙から全国レベルで導入された。

以上のように、ドイツ連邦共和国は、総じて政治体制の安定をきわめて強く求めた憲法秩序になった。首都の名から「ボン共和国」と呼ばれる西ドイツは、ヴァイマル共和国の歴史を繰り返さないことが国是となった。

5 連邦共和国初代首相への就任

第一回連邦議会選挙

基本法の布告とともに、最初の連邦議会選挙を目指した選挙運動が始まった。一九四九年夏の選挙戦は、主としてキリスト教民主同盟（CDU）と社会民主党（SPD）との戦いとなる。最も重要な争点は、経済政策であった。

SPDが計画経済と主要産業の国有化を唱える一方、CDUは「社会的市場経済」を掲げて選挙戦を戦った。「社会的市場経済」は、アーレン綱領に見られた「経済民主主義」を表明しながらも、競争的・自由主義的な市場経済秩序を断固として擁護するものである。一九四九年七月、イギリス占領地区CDUの第二回党大会上で、連邦議会選挙のための綱領として採択された「デュッセルドルフ原則」のなかで定式化され、以後党の経済政策の看板となる。

また、経済政策の影に隠れたが、外交路線も対立した。反共という点では一致していたが、CDUは「西側結合」路線、SPDは再統一優先を唱えた。さらに、CDUが「キリスト教」を看板にしていることもあり、キリスト教的な価値も争点化する。SPD党首シューマッハーは、教会を「第五の占領権力」と挑発的に呼び、結果的に敬虔なキリスト者の支持を自ら手放してしまった。

一九四九年八月一四日、第一回連邦議会選挙が行われた。当初は一九世紀後半以来の長い歴史を誇るSPDの勝利が予想されていたが、蓋を開けてみれば、CDUとCSUが得票率三一％（七三六万票）で第一党（一三九議席）、SPDが二九％（六九三万票）で第二党（一三一議席）だった。続いて自由民主党（FDP）が一二％で五二議席、ドイツ党（DP）が四％で一七議席、残りは共産党など小政党だった。

レーンドルフ会合――「小連立」へ

一九四九年八月二一日、選挙結果をふまえて、レーンドルフのアデナウアー邸でCDUとCSUの代表者による会合が行われた。CDU／CSUがSPDと組んで大連立を作るのか、それともFDPや他の小政党と「ブルジョワ連合」(「小連立」)を組むのか、連立問題に答えを出すためである。

繰り返しになるが、このときCDUにはまだ三占領地区を統合する中央組織は存在せず、それゆえこの段階でCDU／CSU全議員を拘束できるような公的な意思統一機関は存在しなかった。そこで、三占領地区のなかで最も影響力の大きかったイギリス占領地区CDUの党首であるアデナウアーの私邸で会合がもたれたのである。

このときはまだ、ドイツ再建という大事業のためには二大政党が手を組むべきであるという意見が、CDU／CSUのなかでは根強かった。また、この時点で西ベルリンを含む一三州のうち九つの州がCDUとSPDの大連立政権であり、州首相たちも大連立を支持していた。おそらく占領軍も、とりわけイギリス占領軍を中心に、大連立を望んでいただろう。さらにSPDは、経済相のポストが獲得できるなら、大連立に乗り気であることを匂わせていた。

しかしアデナウアーは、有権者は社会的市場経済を選択したのだと捉えた。すなわち、すでにフランクフルトの経済評議会で実現しているFDPやDPとの小連立を、有権者は選んだと主張したのである。さらにアデナウアーが、冷戦下で再統一を優先するSPDの外交政策を危険だと考えていたことは言うまでもない。

このレーンドルフの会合でも、七三歳のアデナウアーの弁舌と交渉術は巧みだった。さらに、参加者のなかで最も影響力が強い人物の一人とみられた、バイエルン州首相でCSUのハンス・エーハルト（一八八七～一九八〇）には、すでに前日の時点で根回しをしてあった。こうして、いつもながらの粘り強い議論と個々の参加者への働きかけによって、アデナウアーは小連立への合意を取り付けていく。

アデナウアーはこのとき、連邦大統領をFDP党首テオドール・ホイスに、そして連邦首相を自分にすることも決めている。自らを首相に推す理由としては、イギリス占領地区CDUにおける自分の主導的立場、これまでの政治的・行政的経験の豊富さを挙げた。さらに、高齢を指摘する否定論に対しては、主治医のマルティニ教授が二年間は首相職に耐えうるだろうと保証したことを伝えた。このとき本人も含む会合出席者全員が、その後一四年間もアデナウアーが首相の座に居座るとは思わなかっただろう。

このレーンドルフでの申し合わせは党内でも受け入れられ、FDP、DPとの連立交渉も首尾よく終わった。

後世から見ると、連邦共和国におけるブルジョワ連合の形成、社会的市場経済の選択は、当然の結果のように思えるかもしれない。しかし、この時点での当該路線選択は、アデナウアー抜きではありえなかった。後年に側近を務め、いくつかのアデナウアー論も著したオスターヘルトは、レーンドルフ会合を、「アデナウアーによる、最も将来に影響を及ぼした政治的転轍」と評している。そしてアデナウアー自身、連邦首相を辞する直前の一九六三年七月、何が自分の最も偉大な業績だと思うかとインタビューで尋ねられたとき、SPDを排してブルジョワ連合の形成を決断したことだと答えている。

首相へ

一九四九年九月七日、暫定首都となったボンに連邦議会および連邦参議院（各州政府の代表によって構成）が招集され、一二日の大統領選出のための連邦議会と各州議会代表の合同会議である連邦会議で、予定通りFDPのホイスが初代連邦大統領に選出された。そして三日後の九月一五日、アデナウアーが首相に推薦され、連邦議会で選挙が行われる。基本法第六三条第二項に基づき、連邦議会議員の過半数の票を得れば首相である。

このとき連邦議会の議席数は四〇二。アデナウアーへの賛成票はぎりぎりの二〇二票（反対票は一四二、棄権は四四）だった。実に、アデナウアーは、自分が投じた一票で、ドイツ連邦共和国初代首相に選出されたのである。

九月二〇日、CDU／CSUとFDP、DPから成る第一次アデナウアー内閣が発足した。この日、アデナウアーは、のちに述べる最初の議会演説を行っている。

組閣翌日の九月二一日、占領規約が発効し、高等弁務官府が発足した。フランスからアンドレ・フランソワ＝ポンセ、イギリスからブライアン・ロバートソン、アメリカからジョン・J・マックロイの三人が高等弁務官に任命された（なおマックロイは、アデナウアーの妻グッシーの従妹と結婚しており、アデナウアーとは姻戚関係にあった）。ドイツはいまだ主権国家ではなく、軍事的・外交的権限、そして最終的な警察権はこの高等弁務官に留保された。さらに高等弁務官府は、通信傍受、郵便開封から、議会が制定した法律や基本法改正に対する拒否権発動も可能であった。

その日アデナウアーは、数名の閣僚を連れて、高等弁務官府があるペータースベルクに赴いた。組閣の報告をするとともに、占領規約を受領するためである。高等弁務官府は、連合国と西ドイツの関係を象徴するように、ライン川を隔ててボンを見下ろす位置にあった。

この上下関係に対し、アデナウアーはこの日ささやかな、しかし語り継がれる抵抗を試みた。当初連合国側は、占領規約の布告を式典化しようとし、閣僚全員を連れてくるようアデナウアーに求めていた。だが、アデナウアーはそれを拒否する。そこで三高等弁務官は、自

高等弁務官府で，"絨毯の上に乗り"，ささやかな抵抗を示したアデナウアー，1949年９月21日

分たちが絨毯《じゅうたん》の上に立って占領規約の発効を告げ、アデナウアーが絨毯を踏まずにそれを聞くという構図で、儀式化と上下関係の確認を図った。アデナウアーは、その手順を事前に了承していたが、いざ当日、座長を務めていたフランソワ＝ポンセが絨毯から彼に挨拶しよ

うと一歩踏み出した瞬間、自分も歩み寄って絨毯の上に乗ったのである。これはアデナウアーらしいエピソードとして語り継がれている。

しかし、実際に連合国と同等の立場となるには、絨毯に乗るように簡単にはいかなかった。これから、他国との「平等権」へ向けたアデナウアーの闘いが始まるのである。

なお、ドイツ連邦共和国の成立に呼応して、一九四九年一〇月七日には、ドイツ民主共和国（東ドイツ）が成立している。大統領にはヴィルヘルム・ピーク（一八七六〜一九六〇）、首相にはオットー・グローテヴォール（一八九四〜一九六四）が就任した。

政府の課題と「西側結合」

こうして西ドイツの舵取りはアデナウアーに委ねられた。課題は山積みであった。まずは秩序の回復と経済の再建が喫緊の問題である。もちろん、早く占領状態を脱し、主権を取り戻さねばならない。そしてアデナウアーにとって重要だったのは、主権回復を含むすべての政策において、ドイツ連邦共和国が「西」を向くことであった。

首相就任を前にした一九四九年八月二七日、中央党の副党首ヘレーネ・ヴェッセルへ宛てた手紙でアデナウアーはこう言い切っている。

外交政策の領域については、わたしたちの路線は確定しています。それは何よりも、西側世界の近隣諸国との密接な関係を築くこと、そしてとりわけアメリカ合衆国との密接な関係を築くことです。われわれが全精力をかけて追求するのは、ドイツが可及的速やかに同権かつ同等の義務を担うメンバーとしてヨーロッパ連邦に受け入れられることです。

一九四九年九月二〇日、連邦議会における初演説で、アデナウアーは「来歴や心情からして、われわれが西欧世界に属するのは自明のことです」と述べ、「〔西側〕連合国とどこまでも共に道を進む」と宣言する。アデナウアーは、本格的に「西側結合」政策に乗り出していくのである。

私生活の消滅

これまで述べてきた激動の歴史の裏で、アデナウアーの私生活にも転機が訪れていた。

一九四八年三月三日、敗戦後長く病床にあった妻グッシーが世を去ったのである。アデナウアーを襲ったショックは大きかった。かつてのヴァイマル共和国首相ハインリヒ・ブリューニングは、当時アデナウアーを訪問したときの印象をこう述べている。「彼は孤独な男」

であり、「もはやこの世界に根を持っていない」。

しかし、アデナウアーには仕事が待っていた。実際、妻の死のすぐ後に通貨改革、ベルリン封鎖が開始されたのである。最初の妻エマが亡くなったとき、やはり彼は大きな衝撃を受けた。その約一年後、アデナウアーはケルン市長に就任し、仕事に邁進している。そしてグッシーの死後も、アデナウアーは仕事に没頭するのである。もちろん、家族は大切な宝物であり続けた。しかし、グッシーの死から、アデナウアーの「私生活」はほとんど消滅し、彼の人生は政治家としての人生とほぼ同義となっていく。

第Ⅲ章　アデナウアー外交の展開——「西側結合」の模索

1　再軍備と主権回復——朝鮮戦争の追い風

アデナウアー外交の目標

首相アデナウアーの目標は、秩序の安定と経済の再建、そして主権の回復と西側世界との結びつきの構築であった。本章では、「西側結合」という名で呼ばれるアデナウアー外交をたどっていく。

アデナウアーは、しばしば「すべては外交に従属する」と周囲に語っていた。西ドイツのような冷戦の中心にある分断国家、しかも建国時には主権を持たず、連合国が多くの権限を留保していた国家においては、外交と内政を切り離すことはできないと考えていたのである。アデナウアーは、首相としての自分の主たる使命は外交にあると見なし、大部分の力を注いでいく。

「西側結合」路線によってアデナウアーは、西ドイツの主権とヨーロッパの統合という、二つの目標を同時に追求した。しばしばアデナウアー外交は「統合による主権」を目標としたと説明される。しかし、これは一面的である。アデナウアーにとって、主権はもちろん目標であったが、ヨーロッパの統合もまた、手段ではなく、目標だったのである。逆に言えば、統合ヨーロッパに結びつけられていない主権国家ドイツは、アデナウアーにとっては危険であり、目標たりえなかった。

しかし、こうしたアデナウアーの「西側結合」路線は、世論や自党内でも確固たるコンセンサスを得ていたわけではない。国内世論は再統一への渇望が強く、社会民主党（SPD）をはじめとする野党はもちろん、キリスト教民主同盟（CDU）もそれを無視することは不可能であった。こうしたなか、アデナウアーは「西側結合」で実績を上げ、自分の外交路線の「正しさ」を少しずつ、着実に提示していく必要があった。

まず本節では、アデナウアーによる主権回復の模索と、西ドイツ再軍備への道程をみていこう。

冷戦がエスカレートするなか、西ドイツの主権回復は、再軍備と不可分のものになっていく。ドイツ再軍備は、ソ連の軍事的脅威に対抗できること、アメリカの孤立主義への回帰を防ぐこと、フランスの対独不信を和らげること、これらすべてを満たす必要があった。だが、西ドイツ国内では反戦感情が強く、西側結合よりも再統一を優先させるべきという声も絶えなかった。これらの難問に対して、アデナウアー外交はどのような解を見つけていったのだろうか。

なお、ドイツ再軍備については、すでに日本でも研究蓄積があり、岩間陽子『ドイツ再軍備』という傑出した成果もある。ドイツ再軍備の広い国際政治史的・ドイツ史的意味に興味がある方は、ぜひ参照されたい。

ペータースベルク協定

一九四九年九月の首相就任後、アデナウアーがすぐに取り掛からねばならなかったのは、連合国によるデモンタージュ（工場解体）の停止だった。すでに西側占領地区では、多くのデモンタージュが行われ、このまま続行されれば、西ドイツの経済再建は覚束ないうえに、国民のなかに戦勝国に対する憤懣が満ちる恐れがあった。こうした事態を避けるために、アデナウアーは高等弁務官府と交渉し、一九四九年一一月二二日にペータースベルク協定を結ぶ。

この協定は、造船制限の撤廃など、さまざまな分野で占領条件を緩和するものだったが、最も重要だったのが、西ベルリンを含むデモンタージュの削減であった。この結果、たとえばデモンタージュが予定されていた一八の大企業が救われた。また、外国との領事関係の締結や、欧州経済協力機構（OEEC）などの国際組織への参加も認められる。そして、こうした措置と引き換えに西ドイツは、ルール国際機関（International Authority for the Ruhr: IAR）への参加を求められた。

ルール国際機関とは、一九四八年一二月に米英仏およびベネルクス三国によって布告されたルール規約に基づき、四九年四月に当地の石炭鉄鋼産業を国際的に監督すべく設置されたものである。これは、西ドイツの枢要な工業地帯であるルールを外国の管理下に置くことを意味した。このルール国際機関に参加するということは、西ドイツがルール地方の国際管理を認めたことになる。

しかしアデナウアーは、高等弁務官府との交渉経過を閣僚にも党議員団にも連邦議会にも知らせないまま、ほぼ独断でペータースベルク協定を締結した。このことからアデナウアーは、国民に対する裏切り者と非難された。

一九四九年一一月二四日、アデナウアーは連邦議会で協定に関する説明を行う。「われわれの願望や提案のすべては叶えられませんでした。〔…〕しかしみなさん、政治的にこの協定はきわめて大きな成功です。あの崩壊から初めて、われわれの〔他国との〕平等権が公的に承認され、国際的な領域に再び参入することができるのです」と。

しかし、野党SPDの非難は凄まじかった。それに対してアデナウアーは、すでに西ドイツは事実上ルール国際機関に義務を負っていたのであり、この協定によって、義務だけでなく権利も獲得することができたのだと反論する。また、ルール国際機関への参加なしには、デモンタージュの停止もありえなかったことを強調した。

議論は長引き、夕方五時から始まった議会は日をまたぐ。翌二五日の朝三時頃、SPD党首シューマッハーは、アデナウアーを「連合国の首相（Bundeskanzler der Alliierten）！」となじった。この侮辱的発言に議場は騒然となり、議長エーリヒ・ケーラーが議事を中断し、シューマッハーに謝罪を求めた。シューマッハーがこれを拒否したため、彼は二〇日間の議会出席停止となっている。

アデナウアー外交の鉄則

ペータースベルク協定をめぐる論争で浮き彫りになったのは、西欧諸国との平等権を獲得していく際のアデナウアーの手法である。それは、SPD党首シューマッハーと対比するとわかりやすい。二人は平等権獲得・主権回復という目的を共有し、ともに反共主義者で西欧主義者でもあった。しかしシューマッハーは、国益と再統一を第一に考え、そのためには占領軍との対立も辞さないという姿勢をとった。それに対してアデナウアーは、戦勝国側のドイツに対する不信を払拭することが最も大切であると考え、そのためには漸進的で忍耐強い外交が必要であると主張したのである。

回顧録のなかでアデナウアーは、ドイツ外交の要諦を次のように述べている。

協調関係の最も重要な前提は信頼である。〔…〕われわれドイツ人に対する信頼を生み出すことこそ、至上の要請であった。〔…〕われわれドイツ人が、一九三三年から四五年の時期にドイツで起きたこと、そしてナチ政府が世界中にもたらした災厄を忘れることは許されなかった。〔…〕それゆえ、われわれドイツ人は、国家権力を少しずつ獲得するために、連合国と交渉する際には、心理的な要因がきわめて大きな役割を演じるということを前提にしなければならなかった。最初から完全な信頼を要求したり期待したりすることは無理だった。信頼はゆっくりと、一歩一歩回復するしかないし、われわれに対する不信を再び呼び起こすようなことは、すべて慎重に避けねばならなかった。〔…〕また、われわれドイツ人は、大国間の不和からなにか利得を引き出そうという投機的な計算を厳に慎まねばならなかった。ドイツ外交の方法は、絶対に誠実かつ率直でなければならなかった。われわれが努めねばならなかったのは、ゆっくりと一歩一歩前進し、政治において最も重要な原動力たる忍耐を決して失わないことだった。

ドイツの防衛貢献

ペータースベルク協定は、アデナウアーの「西側結合」政策の第一歩であった。そして協定締結直後の一九四九年末、フランスやアメリカの新聞社とのインタビューで、アデナウアーはさらに一歩踏み込む。インタビューとはいえ、西ドイツが西側防衛に貢献する可能性を口にしたのである。これには、東側はもちろん、西側諸国、何よりドイツ人が驚いた。

ここにはアデナウアーなりの危機感があった。西ドイツは西側諸国による安全保障を求めていた。だが、ドイツ人自身が防衛に貢献することなく、西側、特にアメリカが自国の兵士を西ドイツのために犠牲にすることは考えられなかった。ドイツ人自身が防衛力を供出してこそ、西ドイツの安全は保障されるのである。遅かれ早かれ西ドイツの再軍備は避けられないだろう。それゆえ、早々に観測気球を上げたのである。

この時点では、内外ともにアデナウアーに非難の声を上げた。特に、西ドイツ国内の反対には激しいものがあった。しかし、この空気を一変させるのが、翌一九五〇年六月に勃発した朝鮮戦争である。

いずれにせよアデナウアーは、ドイツ国軍の復活を求めていたのではない。ヨーロッパの共同防衛機構のなかでのドイツの兵力供与を考えていたのだ。もちろんその前提には、ヨーロッパ統合の進展が必要だった。

ザールラント問題とシューマン・プラン

ヨーロッパ統合は、西ドイツとフランスの協調なくして前に進むことはなかった。この難しい独仏協調の道のりをいっそう険しいものにしていたのが、ザールラント問題である。

一九四六年一二月、フランスは、占領していたザールラントを、他のフランス占領地域とは区別し、関税および経済通貨同盟を設立して、フランス経済圏に編入する。そして、一九四七年にはザールラント州政府に一定の自治権を付与し、ドイツから区別された新国家として分離独立させようとしていた。こうした状況は、西ドイツ成立後も続いていた。

このザールラント問題は、西ドイツの欧州審議会（CE）加盟問題に及んだ。フランスは、ザールラントのCE加盟を支援する一方、西ドイツのCE加盟には消極的だった。結局一九五〇年七月、西ドイツは、ザールラントと同様の「提携国」の立場で欧州審議会への参加を許されたに過ぎなかった（正式加盟は五一年五月二日）。

こうした独仏間の状況にもかかわらず、アデナウアーは独仏協調、さらには独仏の政治的な同盟を説き続けた。そして、突破口がフランスからもたらされた。一九五〇年五月九日、史上名高いシューマン・プランが発表されたのである。

フランス計画庁長官ジャン・モネ（一八八八〜一九七九）が立案し、仏外相ロベール・シューマン（一八八六〜一九六三）が発表したこのプランは、「他のヨーロッパ諸国にも開かれた一つの組織の枠組みのなかで、フランスとドイツの石炭および鉄鋼の生産をすべて共通の高等機関の管理下に置くことを提案する」ものだった。これは、独仏の戦争を「物理的に不可能にする」ものであると同時に、「ヨーロッパの連邦化への最初の一歩」と位置づけられた。

事前に概要を知らされていたアデナウアーは、シューマン・プランに即座に賛意を示した。彼はシューマンに手紙でこう書いている。「このフランス政府のプランは、不信で凝り固まっていた隣国関係を、新しい建設的な協働関係へと導くでしょう」。アデナウアーにとって、シューマン・プランはあくまで「政治」の問題だった。このプランにより、ザールラント問題の解決、西側結合、西ドイツ国家の平等権獲得を期待したのである。

一九五〇年六月二〇日、パリで欧州石炭鉄鋼共同体（ECSC）設立条約の作成交渉が始まった。交渉参加国は独仏とイタリア、ベネルクス三国である。交渉参加にあたってシューマン・プランの原則を受け入れるようモネから突きつけられたイギリスは、逡巡の末、六月二日に不参加を表明していた。西ドイツの代表には、経済学者ヴィルヘルム・レプケの提案に基づき、フランクフルト大学の法学者ヴァルター・ハルシュタイン（一九〇一〜八二）が任命された。ハルシュタインは、のちに外務次官としてアデナウアー外交を支え、一九五八年から六七年まで欧州経済共同体（EEC）委員長を務める人物である。

朝鮮戦争とドイツ再軍備への圧力

シューマン・プラン交渉開始から五日後の一九五〇年六月二五日、朝鮮戦争が勃発した。この戦争がドイツ問題に与えた影響は甚大だった。ヨーロッパでも朝鮮半島と同様の戦争が起きることが懸念されたからである。

さらに、アメリカが東アジアに軍事力を傾けた場合、ヨーロッパにこれ以上の地上兵力を投入することが困難になると予想された。こうなると、東側に対して西欧の安全を保障するために、西ドイツを再軍備させるという選択肢が現実味を帯びてくる。

こうした空気に呼応してアデナウアーは、再軍備に向けて本格的に動き出す。一九五〇年八月一七日、米英仏の高等弁務官に対して、西側防衛の強化を要請すると同時に、西ドイツ国家の警察力として一五万人の「防衛隊」の創設許可を願い出た（警察力は州の権限だった）。

そして八月二九日、翌月にニューヨークで開かれる米英仏外相会談に向けて二通の覚書を作成し、自らの考えを西側三ヵ国に示した。

一つには、国際的な西欧軍が創設されるならば西ドイツは兵力を拠出する用意があると記されていた。もう一つでは、直接的に表現されているわけではないが、西ドイツが防衛に貢献する代償に、他の西欧諸国との平等権を求めていた。ここでアデナウアーは、再軍備と主権回復を結びつける道を選択したのである。

一方、アメリカも西ドイツの再軍備支持へと舵を切る。一九五〇年九月一二日の米英仏三国外相会談で、ディーン・アチソン国務長官が、西ドイツの再軍備および北大西洋条約機構（NATO）編入を強く求めたのである。

すでに一九四九年四月に北米とヨーロッパの一二ヵ国が北大西洋条約に調印していたが、それはアメリカの大規模なヨーロッパ派兵を約束するものではなかった。ここでアメリカは、ヨーロッパ駐留兵力増強の条件として、ドイツ再軍備を要求したのである。これは「パッケージ・ディール」と呼ばれるが、英仏にとってこのアメリカの提案は唐突であり、特にフランスにとっては「爆弾」にも等しいものだった。

フランスの一手——プレヴァン・プラン

アメリカにドイツ再軍備容認を求められたフランスは、新たなカードを切る。一九五〇年一〇月二四日、フランス首相ルネ・プレヴァン（一九〇一～九三）が、「統一ヨーロッパの政治的機構に結びつけられた欧州軍」を提唱したのである。これは「プレヴァン・プラン」と呼ばれ、のちに欧州防衛共同体（EDC）構想として知られることになる。立案者は、シューマン・プランと同様、ジャン・モネだった。フランスは、超国家的な「欧州軍」という枠組みでのドイツ再軍備以外、認めるつもりはなかったのである。

アデナウアーは、プランにおける西ドイツの従属的な地位、たとえば国軍の創設や参謀機能を認められていなかったことに不満を持ち、また欧州軍の軍事的有効性に不安を感じてはいたが、西ドイツの平等権回復の一歩としてフランスの提案に賛意を示した。

一方、迅速な西ドイツの再軍備とNATO加盟を期待していたアメリカはプレヴァン・プランに幻滅したが、頑ななフランスを前に妥協を模索する。そこから導き出されたのが、一九五〇年一二月のブリュッセルNATO理事会で合意される、「スポフォード妥協案」である。これは、欧州軍の検討をパリに継続させる一方で、NATOの軍事機構化をただちに開始するとともに、西ドイツの再軍備も遅滞なく進めるというものだった。

こうして一九五一年二月一五日から、パリでプレヴァン・プラン交渉が始まる。また、四月一八日には欧州石炭鉄鋼共同体条約が調印された（翌年七月二三日発効）。

西ドイツ国内の反応

再軍備の動きは、西ドイツ国内で猛烈な批判を招いた。

一九五〇年末の時点で、アデナウアー政権の支持率は二四％にまで落ち込み（不支持率は三六％）、各州選挙でCDUの敗北が続いた。全国で「オーネ・ミッヒ（わたしはごめんだ）」という標語を掲げた再軍備反対のデモや集会が広がった。

閣僚では、内相グスタフ・ハイネマン（一八九九〜一九七六）がアデナウアーの方針を激しく批判した。警察は内務省の管轄だが、アデナウアーは、閣議に諮らずに警察力に関して西側三国と交渉したからである。さらにハイネマンは、再軍備自体に断固として反対した。ドイツ福音主義協会議長でもあったハイネマンは言う。「神はわれわれの手から二度も剣を取り上げられたのだ。三たび剣を取ることは許されない」。アデナウアーは、これに対して「わたしの考えでは、神はわれわれに考えるための頭を与え、行動するための手を与えたのだ」と返している。

結局、一九五〇年一〇月九日にハイネマンは内相を辞任し、マルティン・ニーメラーらキリスト教反戦グループと提携する。のちにハイネマンはSPDに移り、一九六九年には連邦大統領となっている。

野党SPDは、反共の立場から再軍備に原則反対ではなかった。だが、アデナウアー反対の波に乗り、再軍備反対を掲げ、自らを平和主義の政党であると売り込んでいく。『シュピーゲル』誌の創設者ルドルフ・アウクシュタイン（一九二三～二〇〇二）や『フランクフルター・アルゲマイネ』紙の共同発行人パウル・ゼーテ（一九〇一～六七）らも、再統一を重視してアデナウアー路線に反対の論陣を張った。

こうした再軍備反対の大合唱に対して、アデナウアーは真っ向から反論した。「自ら防衛に貢献せぬまま、アメリカの両親たちに息子を犠牲にせよとは言えないではないか」。また、「主権回復のためには再軍備は不可欠である」というレトリックも用いるようになった。

アデナウアーは、再軍備に向けて着々と環境を整えていく。プレヴァン・プランと前後して、一九五〇年一〇月にはCDUの議員テオドール・ブランク（一九〇五～七二）を長とした「連合国軍隊の増員に伴う問題」を掌握する機関、いわゆる「ブランク機関」（のちの国防省）を発足させている。

また、後述する共同決定法の制定と引き換えに、ドイツ労働総同盟（DGB）指導部から再軍備への支援を取り付けることに成功した。DGBは、一九四九年一〇月に主要な産業別労働組合を集めて結成された、西ドイツの労働組合の中央組織である。

一九五二年に入る頃には、国民の気持ちも徐々に変わってきた。世論調査によると、五二年半ばには「西欧軍の枠内での再軍備」に対して肯定的な声が半数近くなった。また、「オーネ・ミッヒ」に代表される平和運動も、具体的な政治勢力と結びつくことなく、一九五二年中には自然消滅する。

こうした国内の空気の変化についてはさまざまな説明が可能だが、何より当時のドイツ人にとって最も重要だったのが経済問題であり、再軍備をはじめとする安全保障問題は二の次だったことがあるだろう。さらに、平和主義者や中立主義者に「ボルシェヴィスト」あるいは「モスクワの手先」というレッテルを貼り、反共感情に訴えかけたアデナウアーの手法も効果を発揮したのである。

外相へ

こうした情勢と並行して、着実に主権回復が進められていた。一九五一年三月六日、米英仏との占領規約が改正され、西ドイツは外交権を回復する。それに伴い、三月一五日には外務省が再建され、外相にはアデナウアー自身が就任した。外務省の再建式典においてアデナウアーは、外相に長くとどまるつもりはないが、在任期間中は、ドイツがヨーロッパ諸国の「家族」に復帰できるよう最善を尽くすことを誓った。さらに、新たに部下となった外交官たち、もちろんそこにはナチス時代の外交官も含まれていたが、彼らに対してドイツ外交に必要なのは「高潔な自制」であることを強調した。

それから半年後の一九五一年九月二四日から、アデナウアーと高等弁務官府の間で占領規約撤廃に関する交渉が開始された。ここでも、アデナウアー政治の成功の秘訣、つまり会議で「最後まで座っていられること」が実践される。アメリカの高等弁務官マックロイはこう回顧している。「〔ペータースベルクでの会議の多くは〕夜までかかった。時には再び朝日を拝むこともあった。そういったとき、われわれは疲れて眠くなっているにもかかわらず、アデナウアーの頭はまだ冴えているのだ」。

ドイツ条約とEDC条約の調印

一九五一年一一月下旬から、欧州防衛共同体(EDC)条約と、西ドイツが主権を回復するための条約についての交渉がパリで行われた。早期に決着をつけたかったアメリカの圧力もあり、一九五二年五月には条約交渉が終了し、五月二六日にボンでドイツ条約(正式には「ドイツ連邦共和国と西側三国の関係に関する条約」。「一般条約」とも言う)が調印され、翌二七日にパリでEDC条約が調印された。

ドイツ条約は西ドイツが主権を回復するための条約だったが、三つの重要事項、すなわち連合国軍のドイツ駐留、ベルリンの地位、再統一については、米英仏に権限が留保された。また、ＥＤＣ条約はドイツに対して差別的なものであった。たとえば、参謀本部設立の禁止、核・生物・化学兵器（ＡＢＣ兵器）生産の禁止、ＮＡＴＯへの当面の加入禁止、これらの条件がドイツに課せられたのである。

フランスの希望から、このドイツ条約とＥＤＣ条約は不可分のものとされた。しかし、アデナウアーの要求により、ＥＤＣ条約の発効が遅れた場合には、ドイツ条約のみの発効を協議することは約束された。

東側の揺さぶり――「スターリン・ノート」

このようにＥＤＣという枠内で西ドイツ再軍備への道が開かれようとしていたとき、それを阻止すべくソ連が切り札を出す。ＥＤＣ条約交渉中の一九五二年三月一〇日、ソ連政府は、全ドイツ政府との平和条約締結を提案する覚書（および平和条約草案）を米英仏に送付した。ドイツの再統一と中立化を申し入れた、いわゆる「スターリン・ノート」である。

ソ連が中立を条件にドイツ統一を持ち掛けたのは、これが初めてではない。すでにスターリン・ノート以前にも、「ドイツ再統一」をめぐって東西間の激しい外交的駆け引きが行われていた。一九五〇年以来、西側は自由かつ民主的な全ドイツ選挙という方式の統一構想を、東側は全ドイツ政府（東西ドイツから同数の代表により構成）樹立後の中立ドイツ建国という統一構想を、それぞれ互いに提示し、牽制し合ってきた。

その都度アデナウアーは、西側連合国にソ連の申し出を突っぱねるよう釘を刺していた。しかし、アデナウアーもまた再統一を放棄したわけではない。折に触れて西側連合国にドイツ統一への支持を取り付け、彼が進める「西側結合」も、決してドイツ分断の永続化を意味するものではないことを約束させていた。

ただ、アデナウアーが何よりも恐れていたのが、ドイツの中立化であった。それは米軍のヨーロッパからの撤退につながり、大陸ヨーロッパは強大なソ連の軍事力に従属させられると考えたからである。さらにアデナウアーには、西側から解き放たれたときのドイツ自身に対する不信もあった。

結局アデナウアーは、「西側結合」を放棄した再統一は望んでいなかったのである。また、アデナウアーは、統一にあたって自由・平等・秘密選挙による全ドイツ憲法制定議会の構成を求めてきたが、そもそも彼は、ソ連がこうした自由選挙に応じるなどとは思っていなかった。

スターリン・ノートの反響

しかし、一九五二年三月の「スターリン・ノート」は、これまでの東側の提案とはレベルが異なっていた。なぜなら、統一された中立のドイツが、国防に必要な範囲で独自の軍事力を保有することを認めていたからである。この点は、明らかに西ドイツの再軍備支持派の切り崩しを狙ったものであった。

スターリン・ノート発表の翌日、アデナウアーは、すぐさま連合国に、西ドイツ政府はソ連の提案に乗る気はないことを断言し、米英仏ソの四大国がドイツの頭越しに何か決定することがないよう釘を刺した。そもそもアデナウアーは、このノートは西ドイツの「西側結合」を妨害しようとするソ連の宣伝工作だと考えていた。

しかし西ドイツには、ソ連との協議に積極的に応じようとする者たちが、与野党問わず多数存在した。スターリン・ノートは、その性格上、統一を優先するナショナリストも、中立志向の平和主義者も、国軍復活を目指す軍国主義者も、東西間の「架け橋」を目指す者たちも、惹きつけたのである。

たとえば閣内では、全ドイツ問題相のヤーコプ・カイザーが、スターリン・ノートは検討に値するものだと発言していた。有力なヨーロッパ主義者でCDU／CSU連邦議会議員団長のハインリヒ・フォン・ブレンターノ（一九〇四～六四）も、積極的な統一政策を展開すべきだと考えていた。また、超宗派政党のCDUであったが、こと統一問題となると、東部とのつながりが強いプロテスタント系議員と、アデナウアーらカトリック系議員との間には温度差があった。

さらに、右翼や共産党はもちろん、中立反対の立場だった野党SPDや、プロテスタント系のドイツ福音教会、『シュピーゲル』や『フランクフルター・アルゲマイネ』をはじめとする主要メディアも、アデナウアーの頑迷な対ソ政策を批判した。

これら反対運動に対してアデナウアーは、繰り返し中立の危険性を説いた。また、ソ連提案の中立・統一ドイツに応じることは、東部ドイツ、すなわちオーデル・ナイセ以東の旧ドイツ帝国領域の放棄につながるという、「失地回復」欲求にも訴えかけた。一九五〇年六月六日に東ドイツ政府は、オーデル・ナイセ線をドイツ＝ポーランド間の国境と認めるゲルリッツ条約をポーランドと締結していたが、これは旧ドイツ帝国の正統な法的継承国家を自認する西ドイツにとって認めがたいことであったからである。

さらに、キリスト教に支えられたヨーロッパ統合か無神論のソ連支配かという二者択一の議論で、党内や国民のキリスト教感情に訴えかけた。こうしたアデナウアーの論法は功を奏し始め、一九五二年四月には、カイザーやフォン・ブレンターノら党内有力者の説得に成功する。

アデナウアーの態度——「力の政策」と「ポツダムの悪夢」

アデナウアーは、西側世界のなかでの統一を断じて譲らなかった。アデナウアーの統一戦略は「力の政策（Politik der Stärke）」と呼ばれる。それは、ドイツを経済的にも政治的にも軍事的にもしっかりと西側に結びつけ、それによって得られた繁栄と安定と力を東側に見せつけ、いずれ東ドイツをも吸収して統一を達成するというものである。「西側結合」とドイツ再統一は、アデナウアーのなかでは矛盾するものではなく、目標としては不可分のものだった。ただ、再統一を棚上げした「西側結合」は了承できても、「西側結合」なき再統一は絶対に許せなかったのである。

また、こうした戦略は、ソ連とは交渉がそもそも不可能であるという、徹底した反共主義にも支えられている。一九五一年五月九日にある聖職者に宛てた書簡が、アデナウアーの考えを端的に示している。

> ドイツと西欧への攻撃はロシア《〔ママ〕》自身にとっても非常に大きな危険を意味するということをソ連に確信させなければ、われわれ、すなわちドイツと全西欧は、ソ連によって混乱と隷属を強いられ、キリスト教は根絶やしにされるだろうとわたしは考えます。そして、言葉によってロシアにそう確信させることは不可能です。あらゆる全体主義国家と

同様にロシアは、言葉ではなく力を尊重します。それゆえ、攻撃した場合に自ら招く危険をロシア人に認識させるには、西欧に強大な力を築くことが必要です。〔…〕こうした攻撃力の構築のみが、平和を維持することができるのだとわたしは強く確信しております。

さらに、このときアデナウアーは「ポツダム」の再来にも警戒していた。一九四五年のポツダム会談のときのように、ドイツ抜きの大国間だけでドイツ問題が取り決められてしまうことを恐れたのである。

アデナウアーは、一九五三年六月のインタビューでこう語っている。「ビスマルクは、対独連合という悪夢について語っている。わたしにも悪夢がある。それはポツダムである。ドイツを犠牲にした大国間の共同政策という脅威は、一九四五年以来、そして連邦共和国建国後も存在している。連邦政府の外交政策はこの危険地帯からの脱出を初発から目指している」。

つまり、「ポツダムの悪夢」とは、超大国がドイツの頭越しにドイツ統一とその中立化を決定してしまうのではないかという恐れである。

統一への「好機を逸した」か

一九五二年三月二五日、西側連合国は、スターリン・ノートに対して以下のようなかたちで返答する。それは、ドイツの中立化を拒否し、国連管理下の自由選挙による全ドイツ政府の樹立を要求するとともに、全ドイツ政府が同盟に加入する自由を容認せよというものだった。つまり、統一の前であれ後であれドイツのEDC加盟を予定通り進めることを意味したものである。

これを受けてソ連は、四月九日に、国連ではなく四大国の管理下での自由選挙なら応じる可能性を示唆した「第二ノート」を公表する。その後、西側内部および東西間で妥協点を探るやり取りが見られたものの、前述のように五月二六日にドイツ条約、二七日にEDC条約が予定通り調印されると、もはや東西間のドイツ再統一をめぐる主張は平行線をたどるようになった。こうしてスターリン・ノートを機に沸騰したドイツ再統一をめぐる議論は、その後もソ連が幾度か統一への攻勢を見せるものの、ひとまず落ち着いた。

以上のスターリン・ノートへのアデナウアーの対応をめぐって、「逸した好機」をキーワードに激しい議論が闘わされてきた。たとえばある研究者は、アデナウアーは、大のプロイセン嫌いで、プロテスタントが多い東部ドイツにまったく関心がない「ラインの分離主義者」であり、再統一をないがしろにしたと非難している。

しかし近年の一連の研究によって、アデナウアーの硬直した対ソ政策がドイツ再統一の好機を犠牲にしたという考えは一掃されつつある。以前は、ソ連が、西側同盟内で再軍備した西ドイツよりは、東ドイツを犠牲にしてでも、再軍備した中立・統一ドイツを好んだのだと主張されることもあった。しかし、ソ連や東独の史料を用いたゲルハルト・ヴェティヒらの最近の研究は、スターリンが再統一などまったく望んでいなかったことを証明している。つまり、スターリン・ノートは、西側同盟内での西ドイツの再軍備を妨害する以上のものではなかったのである。

ただし、だからといってアデナウアーが「正しかった」、あるいは「スターリンの意図を見抜いていた」ということにはならない。アデナウアーは、ひたすら自分の「西側結合」政策を邪魔されたくなかっただけなのである。

初の訪米

一九五三年一月、アメリカでは、それまでの民主党のトルーマン政権に代わり、共和党のドワイト・D・アイゼンハワー政権が始動した。さっそく国務長官J・F・ダレスが、二月三日にボンを訪れた。前国務長官のアチソンにさまざまな局面で支えられたアデナウアーは、新しい国務長官と相性が合うか心配であった。しかし、ダレスも反共の闘士であり、アデナウアーと理想や判断基準がよく似ていた。結局ダレスは、アデナウアーにとって最も信頼できるパートナーの一人となる。

一九五三年三月五日、スターリンが死去する。スターリンの死は、西ドイツの民衆に若干の安堵をもたらすものであったが、東西関係が再び不確定状態に突入したことも意味した。とはいえ、クレムリンを誰が牛耳ろうと、基本的にアデナウアーの反ソ姿勢、そして「西側結合」は揺らぐことがなかった。

一九五三年四月、アデナウアーは初めてアメリカを訪問する。アメリカに滞在中、アデナウアーは、一九四五年以来のアメリカのドイツに対する好意や助力に感謝の意を示すと同時に、独米関係のよりいっそうの緊密化を繰り返し訴えた。

四月八日、アデナウアーは、アーリントン国立墓地の無名戦士の墓碑に献花した。独米両国の戦没将兵に捧げられたものであった。米軍旗手がドイツ国旗を掲げ、米軍軍楽隊がドイツ国歌を演奏した。アデナウアー訪米のクライマックスである。ドイツ側の随員は涙した。アデナウアーも、「一九四五年の全面的な崩壊から五三年まで、遠く厳しい道のりであった」と感慨に耽った。

東ドイツの民衆蜂起

一九五三年六月一七日、東ベルリンを中心に、東独で大規模な民衆蜂起が起きた。これは、前日の一六日に東独の労働政策に不満を抱いた東ベルリンの労働者ストライキが瞬く間に膨れ上がったものであり、東ベルリンだけでも数万人規模のデモとなった。これに対して、東ベルリンのソ連軍司令官は戒厳令を敷き、戦車を発動させ、武力鎮圧で応じた。

この出来事は西ドイツ国民に大きな衝撃をもたらす。多くの人は、東独にいる親戚や友人の境遇を想った。こうして西ドイツ国内の反ソ感情が高まるとともに、あらためて西ドイツで保障されている「政治的・経済的自由」が評価されることになる。

この事件は、悲劇であったが、アデナウアー政権にとっては幸運であった。東側に対して強硬なアデナウアーの政治姿勢が評価され、統一の棚上げも容認されたからである。

第二回連邦議会選挙

一九五三年三月一九日、ドイツ条約とEDC条約が連邦議会で批准され、五月一五日には連邦参議院も通過した。こうしたアデナウアー路線が国民の支持を得たことは、一九五三年九月六日の第二回連邦議会選挙におけるCDU/CSUの圧倒的勝利で示された。

投票率は八六%。CDU/CSUは四五・二%を獲得する一方、SPDは二八・八%にとどまった（FDPは九・五％）。アデナウアーの予想も上回る勝利であった。このとき、SPDのあるヨーロッパ統合主義者は「ドイツ国民は、CDU党首としてではなく、ヨーロッパの外相としてアデナウアーを選んだのだ」と述べ、自党の外交路線修正を求めている。

一九五三年一〇月七日、アデナウアーは首相に再選された（賛成票は三〇四、反対票は一四八、棄権は一四）。再選直後、彼は次のように演説している。「わたしたちは、わたしたちが正しいと指し示した道を進み続けるでしょう。わたしたちは、平和を望み、ドイツの再統一を望み、ヨーロッパを望み、自由世界のなかでの平等権を望みます」。

アデナウアーは、FDPとDPに加え、故郷被追放者・権利被剝奪者連盟（BHE）も連立政権に引き入れ、連邦議会の四八七議席中三三三議席、つまり議席の三分の二以上を手中に収めた。一九五三年一一月には、連邦参議院でも議席の三分の二を得ることに成功する。基本法改正の要件（第七九条）である両院の三分の二を手にしたのである。アデナウアーは、ただちに基本法の見直しに着手する。

もともと基本法は、西ドイツが自衛力を持つことを明示的に認めてはいなかった。しかし他方で、自衛戦争や兵役を前提とするような規定が基本法には含まれていた。これまでアデナウアー政権は、後者の点に基づいて基本法は国防を認めていると主張してきたのだが、両院の三分の二を得た時点でアデナウアーは、明示的に兵役と国防を基本法に書き込むことを選択する。これは、基本法の変更ではなく、「補充」であるとされた。

一九五四年二月二六日、連邦議会は基本法補充法を可決した。基本法第七三条における連邦の専属的立法権限の第一号「外交事務」が、「外交事務、ならびに一八歳以上の男子に対する国防義務および民間人の保護を含む防衛」と変更されたのである。この基本法補充により、EDC条約に関する基本法上の疑念は取り除かれた。

「暗黒の日」

しかし、アデナウアーにとって「暗黒の日」が訪れる。一九五四年八月三〇日、フランス国民議会が、EDC条約批准の拒否を決定したのである（正確にはEDC条約法案の議会提出差し止めを決定）。西ドイツのほかにオランダ、ベルギー、ルクセンブルクでも批准手続きは完了しており、イタリアも批准を目前にしていたが、これらすべてが水泡に帰した。

フランスがEDCを拒否した経緯は複雑だが、乱暴に言えば、共産党や、ドイツ再軍備自体に反対する勢力に加え、フランスの軍事的な主権の放棄を恐れた人々が、EDCを葬り去ったのである。

フランス国民議会と首相マンデス＝フランスに対するアデナウアーの怒りは大きかった。彼が追い求めてきたもの、つまり西ドイツの主権回復や再軍備問題、独仏和解、そしてアメリカの欧州防衛関与が白紙に戻ったかのようだったからである。この日アデナウアーは、首相就任以来「最も苦い失望を味わった」のである。

主権回復とNATO加盟

この窮地を周到な外交によって救ったのが、イギリス外相アンソニー・イーデンである。イーデンは、EDC破綻後すぐさま西欧諸都市を歴訪し、問題解決を模索した。イーデンの策は、一九四八年三月に英仏およびベネルクス三国の間で結ばれていた安全保障条約であるブリュッセル条約を改定して、そこに西ドイツとイタリアを加え、それによってドイツをコントロールするというものだった。そのうえで西ドイツをNATOに加盟させ、あくまでNATOを機軸にして西側の安全保障体制を確立させようとしたのである。

イーデンの構想は、一九五四年九月二八日から一〇月三日までロンドンで行われた、EDC六ヵ国と英米加による九ヵ国会議で合意された。続けて、一〇月二三日のパリ協定（パリ諸条約）によって、ブリュッセル条約機構の西欧同盟（WEU）への拡大改組と、西ドイツのNATO加盟が認められた。イギリス外交史家の細谷雄一が論じるように、ドイツ再軍備と、アメリカのヨーロッパへの軍事的関与の継続、西ドイツの西側体制への統合、そしてヨーロッパ統合の継続、これらを可能にしたイーデンの見事な外交であった。

一九五五年五月五日、修正されたドイツ条約も含むパリ協定が発効し、ドイツの占領が終結した。ついに事実上の主権が回復したのである。次いで西ドイツは、五月七日にWEUに、九日にNATOに加盟を果たした。ただし、ドイツ全体およびベルリンに関する米英仏の西側三国の権利と責任は、将来の統一ドイツとの平和条約の締結まで留保された。また、ロンドン九ヵ国会議のときにアデナウアーは、核・生物・化学兵器生産を「現状が続く限り(rebus sic stantibus)」という条件で放棄している。

こうして、アデナウアーの外交は報われた。彼は高らかに謳う。「われわれはいまや自由となり、これまでの占領諸国と真のパートナーシップで結ばれることとなった」。これに伴い、一九五五年六月六日にブランク機関は国防省となり、七日にはアデナウアーは外相をハインリヒ・フォン・ブレンターノと交替した。しかし、この外交的成功は、アデナウアーの権力基盤のいくつかを掘り崩すことにもつながっていく。すでに述べたように、アデナウアーは占領軍との「特権的対話者」であり、対外的にも対内的にもその地位が彼の重要な権力資源であった。これがいまや終焉したのである。

2 東方政策――ソ連訪問とハルシュタイン原則

ワルシャワ条約機構の成立と西ドイツの「単独代表要求」

西ドイツがNATOに加盟すると、ソ連は一九五五年五月一四日、東ドイツを含む東欧八ヵ国とワルシャワ条約機構（WTO）を成立させた。これは、ソ連が事実上、東ドイツを主権国家として承認したことを意味した。この頃にはソ連の指導者ニキータ・フルシチョフ（一八九四〜一九七一）は、ドイツ統一とその中立化を求めるというスターリンの戦略を放棄。ドイツ分断の固定化と、東ドイツの政治的安定化を目指し、「二つのドイツ」を国際社会に容認するよう求めるようになっていた。これに対しアデナウアーは、ドイツを正統に代表するのはドイツ連邦共和国、つまり西ドイツだけであるという「単独代表権」を国際社会で主張する。

西ドイツが単独代表権を持つという主張、すなわち、民主的な手続きを経て成立した西ドイツこそが、ドイツ民族の正統な国家であり、ドイツ民族を代表する唯一の国家であるという主張は、建国以来のアデナウアーの、そして西ドイツの原則であった。そのため西ドイツ政府は、ドイツ統一に関して全ドイツでの自由選挙という条件を掲げ続けていたのである。

なお、後述するように、一九五〇年代を通して、西ドイツは「奇跡」と呼ばれる経済復興を果たしていく。一九五一年と五五年の経済成長率は一〇％の大台を超え、五〇年代全体でも年平均で約八％となった。また、失業率も一九五〇年代を通して一〇％台から一％台にまで減少した。さらにこの間、労働者の手取りの賃金および給料は二倍となった。こうした経済成長が、アデナウアー外交を支え、また東側に対する「力の政策」の論拠を与えていたのである。

ジュネーブ首脳会談

一九五五年七月、ジュネーブで米英仏ソの四大国首脳会談が行われることとなった。これは、ポツダム会談以来一〇年ぶりに開催された東西間の首脳会談だった。

このジュネーブ首脳会談の準備過程で、アデナウアーは、緊張緩和の進展がドイツ統一を犠牲にすることがないよう、西側三国に再三働きかけた。東西ドイツ間の境界線が、軍備管理の境界線として四大国で合意され、固定化されることを恐れたのである。

たとえばアデナウアーは、一九五五年六月にアイゼンハワーおよびダレスと会談し、ドイツ統一への見通しが開けない限り、東西間の軍備管理を進めないことを確認させた。

その結果、ジュネーブ会談では、自由選挙に基づき、西側との同盟を維持したままの統一ドイツを西側が主張し(「イーデン・プラン」)、ソ連はそれを受け入れないという構図が繰り返された。このときソ連のスタンスは、ドイツ再統一を否定したうえで中欧を非武装化するというものであった。つまり、現段階ではドイツ統一問題について四大国は合意できないことが、首脳会談であらためて確認されたのである。

結局、四大国は現状維持による平和を求めたのであり、この会談の意義はそのことを相互に確認し合えたことであった。そして、「西側結合」なき統一を拒否するアデナウアーにとって、それは甘受せざるをえなかった。

モスクワ訪問――抑留者の解放へ

一九五五年秋、アデナウアーはモスクワ訪問を決意する。

一九五五年六月にソ連政府から招待された当初、アデナウアーは、ソ連との外交関係の樹立が東ドイツの間接的な承認につながることを危惧していた。新外相のフォン・ブレンターノや外務次官ハルシュタインも、ソ連との国交樹立に反対だった。しかし、これまでも統一問題に対する無策を批判されてきたアデナウアーは、そうした批判を避けるため、訪ソを決心したのである。

最大の目的は、戦後一〇年を経てもソ連に残されていた大量の戦時捕虜や民間の抑留者の解放である。前もってアデナウアーは、外交関係の樹立が、分断の承認や、西ドイツの「単独代表権」の放棄につながるわけではないことを強調した。

九月八日、アデナウアーは、代表団を連れてモスクワへ飛んだ。連邦議会外務委員会の副委員長として代表団に参加していた野党社会民主党（SPD）のシュミートは、「交渉は首相の独壇場であった」と証言している。

このときのアデナウアーの交渉は、かなり率直かつ強硬なものであった。ソ連側の公式見解は「戦争犯罪者」以外の抑留者は存在すらしないというものだったが、アデナウアーは、国交樹立の成否を盾に、抑留者全員の解放を迫った。また、ドイツ人の集団的罪責を主張するソ連指導部に対し、アデナウアーは「ヒトラーやその支持者たちとドイツ人を一緒にはできない」と主張し、ソ連がナチスと不可侵条約を結んだこと、ソ連軍がドイツで蛮行を働いたことを指摘した。

議論が平行線をたどるなか、アデナウアーは大胆な策に出る。九月一二日、これ以上の交渉は無意味であるとして、予定よりも早く帰国用の飛行機を手配したのである。この行動に、ソ連の態度は変化を見せた。その夜のレセプションの席上、ニコライ・ブルガーニン首相は、ボンとモスクワの外交関係樹立と引き換えに、「すべての」戦時捕虜の解放を約束したのである。九月一四日、アデナウアーはモスクワでの記者会見で「きわめて重要かつ喜ばしい成果」を得ることができたと誇った。

結果、一九五五年一〇月七日の最初の帰還便を皮切りに、計九六〇〇人の戦時捕虜、約二万人の民間の抑留者が帰国した。ドイツ世論は、これをアデナウアーの偉業と見なした。抑留者の解放は、アデナウアーの国内政治的な立場も強めるのである。

この抑留者解放は、現在にいたるまでアデナウアーの「最大の功績」の一つに数えられている。しかし、東側の資料が公開され始めた一九九〇年代以降、果たしてそれがアデナウアー個人の功績と言えるのかが議論の的にもなっている。

たとえば、外交官経験者のヴェルナー・キリアンが二〇〇五年に著した研究書は、アデナウアーの「卓越した行動力と忍耐力」を評価しながらも、そもそもソ連指導部が当初から国交樹立のバーターとして抑留者の解放を考えていたことを指摘し、抑留者の解放は決して「アデナウアーの交渉術」の結果とは言えないとしている。

また、よりスキャンダラスな議論を呼んだのは、一九九三年に『ツァイト』紙が、戦時捕虜問題の解決を模索していたドイツ赤十字のイニシアティブをアデナウアーが妨害し、問題解決を意図的に遅らせたと告発したときである。その後の歴史研究では、アデナウアーが赤十字を通した戦時捕虜問題の解決には懐疑的であり、国家レベルでの政治交渉による解決を望んでいたことを明らかにするとともに、その判断が抑留者の解放を遅らせたという評価についてては留保がつけられている。

ハルシュタイン・ドクトリン

アデナウアーの訪ソ直後の一九五五年九月二〇日、ソ連と東ドイツは条約を交わし、正式に東ドイツの主権が承認される。ソ連軍の東ドイツ駐留は継続し、東ドイツ国軍の設立と、そのワルシャワ条約機構への編入が決定された。

これに対し、西ドイツ外務省政治局長ヴィルヘルム・グレーヴェ（一九一一～二〇〇〇）がある政策を立案する。それは、西ドイツは東ドイツと国交を結ぶ国とは国交を結ばないとするものである。一九五五年一二月一一日にグレーヴェがインタビューで公にし、五六年六月二八日の連邦議会で外相フォン・ブレンターノが正式に表明した。

この方針は、当時の外務次官ハルシュタインの名を冠して「ハルシュタイン・ドクトリン」（ハルシュタイン原則）と呼ばれるようになる。実際、一九五七年一〇月に、ユーゴスラヴィア大統領チトーが東ドイツを承認したとき、アデナウアーはユーゴスラヴィアとの国交断絶を決定した。

このハルシュタイン・ドクトリンは、従来の「単独代表」要求の延長線上にあるが、重要な修正でもあった。なぜなら、東ドイツを承認しているソ連との国交は維持されたからである。その論理は、ソ連は戦勝四ヵ国の一員であり、特例であるという苦しいものだった。こうした矛盾を孕《はら》んだハルシュタイン・ドクトリンは、東ドイツを国際社会から孤立させることにある程度成功する一方で、西ドイツの対東側政策を硬直的なものにしていく。

3 ヨーロッパ統合の深化

ザールラントの住民投票

一九五五年に「西側結合」による主権回復を達成したとはいえ、アデナウアーのヨーロッパ政策はそこにとどまらなかった。

まず欧州防衛共同体の挫折によって、ザールラント地方などの問題を抱えたまま、独仏関係は一時的に冷え込んでおり、それを解決する必要があった。また、西ドイツをさらに強固に西側に埋め込むとともに、そのなかで行動半径を広げていくことも狙っていた。さらに、西ドイツ経済が輸出主導型で高度成長を遂げていくなか、市場をいかにして求めるかという問題も、ヨーロッパ統合と密接に関わっていた。

一方、防衛共同体・政治共同体としての「ヨーロッパ合衆国」は挫折したものの、一九五二年から始動した欧州石炭鉄鋼共同体（ＥＣＳＣ）は、すでに超国家的《スープラナショナル》な「ヨーロッパ」を部分的にではあるが具体化していた。

こうしたなか、アデナウアーは、欧州石炭鉄鋼共同体六ヵ国による「小ヨーロッパ」の統合を深化させる方向へ舵を切っていく。

独仏間の懸案だったザールラント問題については、欧州審議会のなかで、ザールラントの地位を「ヨーロッパ化」させるという解決案が浮上していた。この案は独仏間で協議されてきたが、ようやく一九五四年一〇月二三日の前述したパリ協定によって、ザールラントの「ヨーロッパ化」が記され、将来の帰属は住民投票に委ねることが合意された。

住民投票はパリ協定を締結した翌年同月に行われ、ザールラントの西ドイツ「復帰」を求める票、つまり独立に反対する票が三分の二となった。この結果を受け、フランスはザールラントのフランス編入および分離独立を放棄する。

一九五六年一〇月二七日、ルクセンブルクで独仏はザールラントに関する条約に調印し、翌五七年一月一日、ザールラントは一つの州としてドイツ連邦共和国に編入された。このザールラント問題の解決によって、独仏和解への大きな障害物が取り除かれた。

なお、この間の一九五六年二月、トマス・デーラー（一八九七～一九六七）党首率いる自由民主党（FDP）が連立与党からの離脱を宣言している。この原因は複合的だが、一つには、ザールラントやヨーロッパ政策をめぐる、アデナウアーとデーラーの考え方の違いがあった。デーラーは、より柔軟な東方政策を提唱し、ドイツ再統一のためにはNATO離脱の可能性まで考えていたのである。結局、連邦内閣の閣僚を中心とする一六名の議員がFDP

を離脱して自由国民党（FVP）を結成し、FDPは分裂する。

ヨーロッパ統合の「再出発」

ここで欧州防衛共同体挫折後のヨーロッパ統合の「再出発」について見てみたい。このとき活躍したのは、ベネルクス諸国の指導者たちであった。

すでに一九五〇年代前半から、欧州防衛共同体をめぐる論争の影で、オランダ外相ヤン・ウィレム・ベイエンによる関税同盟構想や、同農相シッコ・マンスホルトによる農業統合構想など、のちの欧州経済共同体（EEC）につながる構想が打ち出されていた。そして、それらをもとに、欧州防衛共同体挫折後のヨーロッパ統合を導いたのが、のちに「ミスター・ヨーロッパ」と呼ばれた、ベルギー外相ポール＝アンリ・スパークである。

スパークは、モネやベイエンらとの周到な準備を経て、欧州石炭鉄鋼共同体六ヵ国に向け、その活動領域を「交通政策、エネルギー政策ならびに核エネルギーの平和的利用の領域」に拡大すること、さらに「共同市場」の実現を提案した。

この提案を受けて、一九五五年六月一日からシチリアのメッシーナで、欧州石炭鉄鋼共同体六ヵ国外相会議が行われた。そこで侃々諤々《かんかんがくがく》の議論の末、三日に「メッシーナ決議」が採択された。決議には、「ヨーロッパ共同市場の成立」が目標として謳われていた。

当時この決議はそれほど注目されていなかったが、ヨーロッパ統合の流れが、部門別統合から全般的統合へと大きく広がった瞬間であった。

このメッシーナ決議を受け、スパークを長とする委員会が長大な報告書を作成し、それがのちのローマ条約（欧州経済共同体設立条約および欧州原子力共同体設立条約）の叩き台となっていく。スパークらの狙いの一つは、「共同市場」によって、経済大国となりつつある西ドイツをつなぎとめておくことであった。

ユーラトム構想——西ドイツの核封じ込め

一方、一九五五年六月に欧州石炭鉄鋼共同体（ECSC）高等機関委員長を辞したジャン・モネは、一〇月に「ヨーロッパ合衆国行動委員会」を設立し、メッシーナ決議を背景に、スパークとも連絡を取り合いながら、新たな超国家統合を目指していた。その具体像が、欧州原子力共同体（ユーラトム）である。

一九五六年一月一九日、モネ率いる行動委員会は、「欧州共同体は、原子力エネルギーを、厳格に平和のためにのみ開発せねばならない」と訴え、この目的のために必要な権限を「ヨーロッパの機構へと委譲する」ことを説いた共同声明を発表した。つまり、石炭鉄鋼に次ぐ原子力エネルギーという部門の統合によって、新たな超国家的ヨーロッパをモネは目指したのである。

このユーラトム構想の背景には、西ドイツの原子力政策もあった。このとき、西ドイツでは原子力エネルギー開発への熱が高まっていた。一九五五年一〇月には原子力問題省が設立され、その初代大臣としてキリスト教社会同盟（CSU）のフランツ・ヨーゼフ・シュトラウス（一九一五〜八八）が就任している。

前述のように、主権回復前の一九五四年一〇月に西ドイツは、核兵器生産の禁止を宣言してはいた。しかしこれは、あくまで国内製造の放棄であり、外国との共同開発や核兵器の配備まで禁止したものではなかった。アデナウアーはそうした理解に基づき、アメリカ統合参謀本部が策定した在欧米軍削減計画「ラドフォード・プラン」が発覚した一九五六年頃から、西ドイツの核兵器保有を示唆するようになる。

西ドイツによる核の軍事転用の可能性を完全に封じるためにも、モネたちはユーラトムを必要とし、アメリカも西ドイツのユーラトム参加を歓迎することになる。

ローマ条約締結——経済統合へ

以上の共同市場構想とユーラトム構想に対するアデナウアーの基本的な態度は、一九五六年一月一九日に彼が全閣僚に送付した「ヨーロッパ統合に関する連邦政府の基本方針」という文書が示している。

ここでアデナウアーは、安全保障の確保、再統一に向けての交渉能力の獲得、ソ連への対抗、フランスとの和解、これらすべてに不可欠なのがヨーロッパ統合であると論じ、ヨーロッパ共同市場と原子力共同体の設立に西ドイツが積極的に関与すべきことを説いている。ヨーロッパ統合史を専門とする川嶋周一が指摘するように、アデナウアーにとってヨーロッパ統合とは、何よりも政治的なプロジェクトであり、共同市場であれ原子力エネルギーであれ、経済・技術的な問題は、政治的な意志に従うことが求められたのである(『原典ヨーロッパ統合史』)。

そしてこの文書の最後には、基本法六五条を考慮せよと記されていた。後述するが、この条文は、行政府における連邦首相の「基本方針決定権限」を定めたものである。アデナウアーは、閣内のヨーロッパ統合に対する異論を、基本法を持ち出して抑え込もうとしたのである。

このとき閣内では、ヨーロッパ統合、とりわけ原子力エネルギーに関して深刻な意見対立が存在した。原子力問題相シュトラウスは、原子力エネルギー開発にさまざまな制約を課せられ、この分野で後進的な位置にある西ドイツが、ユーラトムの設立によって、核先進国であるフランスの全面的な統制下に置かれてしまうことを危惧していた。シュトラウスの主張

ローマ条約調印式，1957年３月25日

は、西ドイツの産業界、とりわけ地元バイエルンの産業界の意見を反映していた。産業界は、アメリカとの二国間、あるいは欧州経済協力機構（OEEC）の枠組みで原子力開発協力を行うことを望んでおり、ユーラトムには反対していたのである。

経済相ルートヴィヒ・エアハルト（一八九七～一九七七）も、ユーラトムの計画主義的な性格を嫌い、欧州経済協力機構の枠組みでの原子力開発協力を志向していた。しかもエアハルトは、ユーラトム以上に、共同市場計画に反対していた。彼は、自由貿易原則と米英との協調を理想としていたからである。経済省も全体として世界大の自由貿易を目指していた。

対してアデナウアーは、強引ともいえる

やり方でこれらの異論を封じ、ヨーロッパ統合への西ドイツの積極的で明確な態度を対外的に示したのである。

長い交渉を経て、一九五七年三月二五日にローマ条約、すなわち欧州経済共同体設立条約およびユーラトム設立条約が調印された（翌年一月一日発効）。ここでアデナウアーの「西側結合」政策は一つの確固としたかたちを得る。つまり西ドイツが、軍事・安全保障面では大西洋共同体に結びつけられ、経済・社会面では西欧の共同体に埋め込まれるようになったのである。

ヨーロッパの政治的な統合をも目標としていたアデナウアーにとって、たしかに経済共同体は物足りないものではあったが、それでもやはりこれは大きな一里塚であった。アデナウアーは言う。「まだすべてが流動的で、歴史的な評価を下すのはきわめて困難だ。けれども、おそらくこの統合は、戦後最も重要な出来事と言えるだろう」。

4　イスラエルとの「和解」――道義と権力政治の狭間で

首相就任直後からの接近

一九四八年に独立を宣言した「ユダヤ人国家」イスラエルは、ドイツ人にとってナチス時代のユダヤ人迫害という過去を否応にも意識させるものであり、デリケートな存在であった。他方で、西ドイツが「ドイツ人を正統に代表する唯一の国家」として国際社会に復帰するためには、自己の「過去」を清算していく必要があった。

こうしたなかアデナウアーは、対イスラエル政策に着手し、一九五二年九月一〇日に調印された、後述する「ルクセンブルク補償協定」によって、イスラエルおよびユダヤ人団体への補償を取り決め、「過去」との和解を図ろうとした。

以後もアデナウアーは、基本的に親イスラエル的な立場を維持し、その後のドイツ＝イスラエル関係の礎を築く。そこには、西ドイツの国際的な信用を回復しようという意図があったが、アデナウアーなりの道義的な責任意識も働いていた。本節では、アデナウアーのイニシアティブが重要な役割を果たした対イスラエル外交について見ていこう。

アデナウアーがイスラエル国家との接近を試みたのは、首相就任後すぐである。すでに一九四九年一一月には『在独ユダヤ人一般週刊新聞』のインタビューで、「ドイツ民族」は「犯罪的な体制により自分たちの名においてユダヤ人に加えられた不法を補償する用意がある」と述べ、「イスラエル国家建設のために一〇〇〇万マルク分の物品を供与する」ことを提案していた。

アデナウアーは、ドイツ人の「集団的罪責」を否定し、むしろドイツ人をナチ体制の被害者と位置づけたとして、後世に批判されがちである。しかし、この時点でドイツ人の責任を認め、ユダヤ人への補償に踏み出そうとした点は評価されてもよい。

しかしこうしたアデナウアーの動きは、米高等弁務官マックロイによって促されたものでもあった。すでにマックロイは、一九四九年七月に「世界は新生西ドイツ国家を注意深く監視するつもりであり、その試金石の一つが、ユダヤ人に対する態度となるだろう」と語っていた。また、社会民主党（SPD）党首シューマッハーは、アデナウアーが連邦議会における初演説でユダヤ人問題に言及しなかったことを批判しており、これがアデナウアーのイスラエルへの接近を早めたと考えることもできる。

「接近と和解」のための二つの条件

アデナウアーの申し出に、イスラエル政府は直接回答しなかった。だが、世界ユダヤ人会議の欧州局長ノア・バロウが、ロンドンのドイツ系ユダヤ人実業家ゲルハルト・レヴィを通じて、アデナウアーの外交顧問ブランケンホルンに意向を伝えた。

それは、ユダヤ人とドイツ人の「接近と和解」のためには二つの条件があるとするものだった。第一は、西ドイツ政府が議会で「ナチ体制下でユダヤ人に加えられた犯罪」を認め、補償を約束する声明を出すこと、その声明が野党も含む圧倒的多数で承認されること、第二は、宗教的・人種的な差別を禁じ、厳しく処罰する法律を公布することであった。このレヴィが挙げた条件を、アデナウアーは受け入れる。

一九五一年九月二七日、アデナウアーは連邦議会で、のちに「歴史的」と形容される演説を行った。西ドイツ首相が、「ドイツ民族の名において」犯された「言語を絶する犯罪」を認め、反ユダヤ主義的煽動に対しては刑事訴追で厳しく闘うという保証と、ユダヤ人に対する「道徳的・物質的な補償」を約束したのである。そして「連邦政府は、ユダヤ人と、故郷を喪失したきわめて多くのユダヤ人難民を受け入れたイスラエル国家の代表とともに、物質的な補償問題を解決に導く用意がある」ことを表明した。共産党と極右を除くすべての党派が、この声明を承認した。

この演説は国際社会から概ね肯定的な反応を得た。このときアデナウアーが最も気にかけていたのは西側諸国の世論、とりわけアメリカ世論だったが、『ワシントン・ポスト』は「最良の出来事」と評価し、『ニューヨーク・タイムズ』はドイツの「道徳的な再生の画期」と言祝《ことほ》いだ。アデナウアー演説は、ドイツの国際的な信用回復への重要な一歩となったのである。

「世界史の羽ばたき」――補償交渉への決断

一方、その半年前の一九五一年三月一二日、財政的に困窮状態にあったイスラエル政府は、米英仏ソの戦勝四ヵ国に対して、東西両ドイツによる計一五億ドルの補償（西ドイツ一〇億ドル、東ドイツ五億ドル）を請求する覚書を提示していた。額の算出根拠は、イスラエルに統合した移民が五〇万人で、移住者一人につき三〇〇〇ドルの補償が要るというものだった。これに対してアメリカは、西ドイツ政府と直接交渉するようイスラエルに要請する。このとき西側諸国は、イスラエルよりも西ドイツの経済再建や再軍備を優先していたのである。イスラエルは、彼らにとって「殺人者の国」であるドイツとの直接交渉にやむなく踏み出す。

イスラエル政府と西ドイツ政府の仲介役となったのは、世界ユダヤ人会議の議長ナフム・ゴルトマンだった。ゴルトマンは、イスラエル首相ダヴィド・ベン＝グリオンと協調する一方、一九五一年一〇月二六日にニューヨークで世界ユダヤ人会議をはじめ計二二のユダヤ組織をもとに設立された「ユダヤ人対ドイツ物的請求会議」（以下「請求会議」）の議長として、西ドイツとの対話にあたった。

補償交渉の開始を決定したのは、一九五一年一二月六日にロンドンのクラリッジ・ホテルで行われたアデナウアーとゴルトマンの極秘会談であった。アデナウアーは閣議に諮らずこれを実施し、ゴルトマンはホテルの裏階段からアデナウアーの部屋を訪ねた。ベン＝グリオンはゴルトマンに、イスラエルが要求した一〇億ドル（約四二億マルク）という額を交渉の出発点としてアデナウアーに合意させるよう依頼していた。

会談でゴルトマンは、ユダヤ人側の要求を一通り述べた後、ナチスの犯罪が生じた時点ではイスラエルは国家として存在していなかったため、西ドイツ＝イスラエル間の交渉には法的な根拠がないゆえに、ユダヤ人側の請求内容と西ドイツの交渉受諾を書面で保証するよう依頼した。この異例の要求に対し、同席していた外務省政治局長ブランケンホルンは狼狽《ろうばい》した。

しかし、アデナウアーはこう応じたという。「ゴルトマンさん、私を知っている者は、私が言葉に乏しい男であり、また大袈裟なフレーズを嫌うことを知っています。それゆえ、あなたが話しておられるあいだ、私はこの部屋で世界史の羽ばたきを感じていたとあなたに申し上げても、それは大袈裟とは思われないでしょう。補償への私の意志は心からのものです。私はそれを巨大な道徳的問題であり、新しいドイツの名誉ある責任であると考えております」。

こうしてゴルトマンは、西ドイツ政府がイスラエルとユダヤ人の代表との補償交渉を受諾するとともに、一〇億ドルという請求額を交渉の出発点とするという、望み通りの文書を受け取った。

ワセナール交渉――補償額をめぐる難航

それから三ヵ月後、一九五二年三月二一日にオランダのワセナールで、西ドイツ、イスラエル、請求会議の三者間交渉が始まった。テロを懸念したイスラエル側の要望で、開催地は当初のブリュッセルから変更されていた。事実、「あるユダヤ人パルチザン組織」がアデナウアー暗殺、およびドイツ代表団に対する爆弾テロを企てていた。

交渉は難航した。すでにドイツ国内では一〇億ドル＝四二億マルクという請求額の高さが問題とされ、とりわけ財務省は強く反対していた。当時（一九五三年）の連邦政府予算は約二七〇億マルクである。また、ドイツの対外債務との関係も問題となった。戦前からのドイツの対外債務は一六〇億マルクと見込まれており、その清算については一九五二年二月二八日から始まっていたロンドン債務会議で交渉中であった。つまり、ロンドン債務会議と対イスラエル交渉は並行して行われていたのであり、イスラエルとユダヤ人への補償額は、ロンドン債務会議の結果に左右されると財務省は考えていた。

ワセナール交渉でのドイツ代表団は、さしあたり三〇億マルクという補償額を提示したが、イスラエル側は拒否し、結局、交渉は「ドイツ政府から満足のいく提案」が提示されるまで中断されることとなった。

交渉中断のあいだ、西ドイツ政府内は紛糾した。財務相フリッツ・シェファーは、あくまで対外債務支払と再軍備の優先を主張した。また司法相トマス・デーラーは、ユダヤ人を優先する補償のやり方は、国内の反ユダヤ感情を刺激するとして反対した。こうした閣内の反応は、当時の西ドイツ国民の意識を反映したものでもあった。

アレンスバッハ研究所の世論調査によると、「ドイツ・ユダヤ人生存者に対する補償」を支持する国民は五割以上いたものの、「三〇億マルク分の物資という形でのイスラエルへの補償は必要だと思うか」という問いに対しては、支持は一一％に過ぎず、四四％の国民が「不要」と答え、二四％が「支持はするが高額過ぎる」と答えていた。

一九五二年五月、西ドイツ側の交渉代表団長を務めていたフランツ・ベームが、財務相との摩擦から辞任する。このことが公になると、連邦政府に対する激しい批判が国内外から浴びせられた。この頃アデナウアーは、ドイツ条約および欧州防衛共同体交渉に時間を奪われていたため、対イスラエル交渉は疎かになっていた。しかし、国際世論と野党の圧力から、アデナウアーも積極的に動かざるをえない状況になっていく。

外国紙は、西ドイツの補償政策を厳しく非難していた。あるオランダの新聞は、交渉団長の辞任について「ドイツの恥」という見出しで報じた。また、SPDのカルロ・シュミートを委員長とする連邦議会の外務委員会が、イスラエルとユダヤ人の補償請求は道義的な理由から対外債務に優先するという決議を一九五二年五月一〇日に採択した。同日にSPD党首シューマッハーは、ロンドンの対外債務交渉と対イスラエル補償を切り離すべきであるとアデナウアーに書簡を送っている。

その前日にはゴルトマンも、交渉の道義的意義を強調し、速やかな交渉再開をアデナウアーに求めていた。警告のためゴルトマンは書簡の写しをマックロイ米高等弁務官にも送付している。

アデナウアーは、「世界から連邦共和国が反ユダヤ主義的であるという評判を立てられる危険は近い」と認識し、以後対イスラエル交渉を最優先するようになる。

まず、アデナウアーは、交渉代表団長だったベームに辞任を撤回して、解決案を提示するよう促した。ベームはこれに応じ、三〇億マルクの物資を八年から一二年年賦で支払うことを提案する。ゴルトマンはこの案に同意するとともに、請求会議への補償額を当初の請求の四分の一以下の五億マルクに減額し、さらにイスラエルと請求会議への補償を共同で扱うよう提案した。そのうえで、補償交渉がロンドン債務会議の経緯に左右されないことを確認した。

一九五二年六月一七日の閣議でアデナウアーがこの案を議決しようとしたとき、再び財務相シェファーの強い抵抗にあった。しかし、アデナウアーの決意は固かった。このままでは西ドイツが西側世界全体から政治的・道義的に孤立してしまう。それゆえ、「イスラエルと合意に達するためには、かなりの財政的犠牲も甘受せねばならない」と力説した。閣議は本提案を多数決で承認した。こうして一九五二年六月二四日、ワセナール交渉が再開される。

ルクセンブルク補償協定の調印・批准・履行

一九五二年九月一〇日、ルクセンブルクの市庁舎で、西ドイツ＝イスラエル間の補償協定と、西ドイツ＝ユダヤ人対独請求会議間の議定書が調印された。これらがまとめて「ルクセンブルク補償協定」と呼ばれることになる。

ドイツの代表はアデナウアー、イスラエルの代表は外相モシェ・シャレット、請求会議の代表はゴルトマンだった。西ドイツのイスラエルへの補償額は全体で三〇億マルク、一二～一四年間にわたって、毎年最低二億五〇〇〇万マルクを物資で支払うことが合意された。この支払いは、結局一九六六年三月まで滞りなく履行されることになる。

また議定書は、請求会議への四億五〇〇〇万マルクの支払いを定めるとともに、西ドイツ政府がナチス迫害犠牲者への補償法を制定することを求めていた。これに基づき、一九五三年に連邦補充法が公布されたが、多くの点で不十分なものであったため、五六年にあらためて「ナチス迫害犠牲者に対する連邦補償法」が制定された。

連邦補償法は、身体・健康に対する被害、強制収容所やゲットーでの自由の剝奪、就業機会の喪失などに対する補償を定めたものである。後述するように、この連邦補償法も十分なものと言えなかったが、これにより西ドイツのナチ不法に対する補償レジームの基本が整えられたのである。

ルクセンブルク補償協定をめぐる争いは調印以降も続いた。この協定によって中東の経済的・軍事的均衡が崩れると考えたアラブ諸国の介入が激化したからである。一九五二年一一月にアラブ連盟は、もし西ドイツが協定を批准すれば、経済的ボイコットに踏み切ると脅迫した。西ドイツは、一時的にアラブ諸国との関係悪化を甘受せねばならなかった。

また、補償協定の連邦議会での批准(一九五三年三月一八日)も難航した。財務相シェファーやキリスト教社会同盟(CSU)党首シュトラウスらが反対に回り、与党から多数の欠席者・反対者を出した。しかし、野党SPDの全員が賛成に回り、批准に成功する。賛成二三八票のうち一二五がSPD票であり、連立与党側の票は一〇六に過ぎなかった。反対三四票のうちの一五票、そして保留八六票のうち六八票が与党の票だった。

ルクセンブルク補償協定に基づき、イスラエルはドイツから原料、鉄鋼、機械、船舶などを年間二億五〇〇〇万から三億マルク分買い付けた。これは当時のイスラエルの総輸入の二割から三割に相当する。こうした物資によって、イスラエル国内の道路・鉄道網、電気・通信網、灌漑設備などのインフラが整備されていく。

協定では軍需品の購入は禁止されたが、輸入した鉄鋼や機械を加工して軍事目的に利用することは可能だった。さらにイスラエルは、補償金の約三割を軍事にも不可欠な石油の輸入に充てた。ルクセンブルク協定による補償物資は、軍事も含むイスラエルの国家基盤の確立に大きく貢献したのである。

補償協定成立の要因

アデナウアーは、イスラエルとの補償交渉に「新生ドイツ国家が世界において信用と名声と信頼を取り戻すことができるか」がかかっていると理解していた。ドイツを国際社会に復帰させ、西側世界に結びつけるという彼の外交政策の大原則の延長線上に、対イスラエル政策も位置していたと言える。

とはいえ、国際政治的な配慮のみがアデナウアーを動かしたわけではない。やはり、彼なりのユダヤ人への共感と贖罪《しょくざい》意識も働いていたことを見逃すべきではないだろう。とりわけ、ナチス支配下の苦しい時代にユダヤ人実業家のダニー・ハイネマンに助けてもらった恩義は、対イスラエル交渉中、つねにアデナウアーの念頭にあった。

また、国内外の「圧力」もアデナウアーを補償へと動かした。アデナウアーはつねに外国のメディアの反応をうかがい、さらに米高等弁務官マックロイに促されて対イスラエル交渉にあたった。加えて、ユダヤ人の補償に関しては野党SPDの圧力がきわめて重要であった。結局ルクセンブルク協定に関しては、批准までのすべての段階で、アデナウアーはSPDの力を借りるかたちとなった。

一九五三年二月にロンドン債務協定の調印も済ませた西ドイツは、ナチス第三帝国の継承者として、その後「過去の克服」に取り組んでいくことになる。

アデナウアー時代は「過去の克服」の不十分さばかりが指摘されがちだが、イスラエルとの「和解」に着手し、ナチス迫害犠牲者に対するその後の補償への道を拓いたのはこの時代であったのである。

ドイツ=イスラエル関係の難しさ

さて、アデナウアーの次の課題となったのは、イスラエルとの国交樹立である。

これは「ハルシュタイン・ドクトリン」を危険にさらすものだった。なぜなら、アラブ諸国は、西ドイツがイスラエルと国交を樹立すれば、東ドイツを承認すると脅すことができたからである。

さらに、アラブ諸国はドイツ製品のボイコットも予告していた。米英仏の西側三国はアラブ諸国との健全な関係を西ドイツに求めていた。こうした情勢から、西ドイツ外務省はアラブ政策積極派が多数を占めていた。イスラエルとの国交樹立を目指すアデナウアーは、この問題では外務省と対立することとなる。

アデナウアーのイスラエル重視は、対米関係にも影を投げかけた。一九五六、五七年のスエズ危機において、イスラエルは、米ソの要求にもかかわらず、シナイ半島からの撤兵を拒否していた。ダレス米国務長官はアデナウアーに対して、イスラエルが撤兵を拒否する限り補償金の支払いを停止するよう求めた。しかし、アデナウアーはこれを拒否する。彼は、自身のイスラエル政策のためには、親友ダレスとの関係悪化も辞さなかったのである。

ベン・グリオンとの関係

こうしたアデナウアーの対イスラエル政策は、イスラエル首相ベン・グリオンに支えられていた。交渉相手がベン・グリオンだったことは、アデナウアーにとって幸運だった。

イスラエルでは、ドイツから「血のカネ《ブルートゲルト》」（「近親を殺された代償のカネ」という意）を受け取ることを断固拒否するという意見も多く、ドイツとの補償交渉は実は多大な非難を浴びていた。しかし、アデナウアーと同様にベン・グリオンは、国内の異論を抑え込む権威と権力を保持していた。むろんベン・グリオンも、ドイツとの和解にはためらいがなかったわけで

ベン・グリオン（左）とアデナウアー，ニューヨークで，1960年

はない。だが、新生イスラエル国家の経済と防衛のためには、ドイツの補償および軍事協力が必要だったのである。そしてベン・グリオンにとっても、内外に「毅然とした姿勢」でのぞむアデナウアーが交渉相手だったことは幸運であった。

一九五〇年代末になると、西ドイツの未清算の「過去」に厳しい目が向けられるようになる。たとえば、かつてナチの突撃隊大尉だったテオドール・オーバーレンダー（一九〇五～九八）難民相に第二次世界大戦中の殺人関与の疑惑が浮上し、激しい議論が起こる（六〇年に難民相辞任）。また、ネオナチの台頭も問題となっていた。一九五九年には西ドイツ国内のシナゴーグに鉤十字と反ユダヤ的スローガンが落書きされる事件も起こっている。

こうした西ドイツの情勢を背景に、一九六〇年三月一四日にニューヨークのウォルドルフ・アストリア・ホテルでアデナウアーとベン・グリオンの会談が行われた。外相ブレンターノは、西ドイツ国内の反ユダヤ主義よりも対アラブ関係に配慮し、この会談に反対していたが、アデナウアーは決行したのである。

しかしこの会談は、友好関係の演出に終わらなかった。ここで、西ドイツによるイスラエルへの財政援助と武器供与が約されたのである。すでに一九五七年から国防相シュトラウスとイスラエル国防相ペレスが接触し、技術協力や軍事支援が進められていた。この国交不在の状態でのイスラエルへの軍事支援は、アデナウアー首相辞任後の一九六四年秋にメディアに暴露されるまで機密であった。

こう見ると、西ドイツとの「和解」によって、イスラエルは中東紛争を生き延びることができたのだとも言える。

イスラエル訪問

その後も、西ドイツとイスラエルの関係はデリケートなものであった。一九六〇年五月、イスラエルは、ホロコーストで枢要な役割を果たした元ナチ親衛隊中佐アドルフ・アイヒマンを拘束し、翌年にエルサレムで裁判にかけ、処刑した。アデナウアーは、イスラエルが誘拐という手段をとって、自国で裁判にかけたことに不満を表明している。

また一九六二年夏には、ドイツ人技術者がエジプトのロケット建造を支えていることが明らかとなり、イスラエルは西ドイツに法的措置を求めた。アデナウアーは、この問題を解決することなく、一九六三年に政権を手放すことになった。

アデナウアー同様、ベン・グリオンも一九六三年に首相職を去り、レヴィ・エシュコルが後を襲った。この頃から、イスラエルの西ドイツへの要求は過大なものとなっていく。外交関係の樹立と補償給付の延長をはじめ、エジプトにいるドイツ人ロケット技術者の引き揚げや、武器供与の拡大を求めていた。結局、イスラエルの要求が基本的に通る形となり、一九六五年に西ドイツとイスラエルの国交は樹立する。しかし、アデナウアーの後継であったエアハルト政権とエシュコル政権との間の空気は険悪だった。前述の一九六四年秋のメディアによる武器供与の実態の暴露も、それに拍車をかけていた。

こうした両国の刺々しい空気のなか、アデナウアーはイスラエルに招待され、一九六六年五月二日から八日間イスラエルに滞在した。この元西ドイツ首相の訪問はイスラエルでも物議を醸したが、空港に到着すると、イスラエル外相に加え、かつて補償協定時の交渉相手だったゴルトマンたちに歓迎された。その後、ベン・グリオンの私邸を訪れるなど、アデナウアーの訪イスラエルは、ドイツとイスラエル間、そしてドイツとユダヤ人の間の「和解」を演出するものとなったのである。

第Ⅳ章　「宰相民主主義」の時代——一九四九～六三年

1　アデナウアーの統治スタイル

連邦首相の権力

前章で見てきたように、アデナウアーは、外交では独裁的とも言える権力を握り、西ドイツ国家にその個性を強く刻印した。その一方で、内政に関しては閣僚や議会に委ねていた感もある。歴史家のゴーロ・マンなどは、アデナウアーは内政を「なるように任せていた」とまで評している。ここでは、首相としてのアデナウアーの統治スタイルを確認し、「宰相民主主義」と呼ばれたアデナウアーの権威主義的な政治指導を見ていこう。

ヴァイマル憲法に対する反省から、不信任案を提出する際には後任の用意を求める「建設的不信任」制度が、基本法に導入されたことはすでに述べた。また、基本法六五条には行政府における連邦首相の「基本方針決定権限」が明記されている。この六五条の法的解釈は定まっているわけではないが、大雑把に言えば、個別大臣責任制を採っていたヴァイマル憲法とは異なり、首相が自己の責任で「政治の基本方針を定め」、各大臣の行動をその方針の枠内におさめることを可能にしたものである。こうして制度的には、西ドイツ首相の権力は安定的かつ強力なものとなっている。

とはいえ、もちろん現実の政治ではさまざまな要因が首相の権力を制約する。何よりも連立政治が常態であるため、連立相手である自由民主党（FDP）、一九五〇年代は他にもドイツ党（DP）や故郷被追放者・権利被剝奪者連盟（BHE）などには、政策的にも人事的にも配慮しなければならなかった。

また、キリスト教民主同盟（CDU）内でも、各議員が代表する利害の幅は広く、首相はバランスのある人事や政策を求められる。国民政党を目指すならばなおさらだった。さらに、バイエルンの地域政党であるキリスト教社会同盟（CSU）は、CDUの姉妹政党であるとはいえ、独特の保守的な主張を持つ政党であり、首相に従順な存在とはいえなかった。

アデナウアーは、こうした連立与党内の各勢力を満足させ、自分の政策への協力を取り付けるため、閣僚人事を有効に活用する。前述のハイネマンを内務相に据えたのも、彼がドイツ福音主義協会議長であり、プロテスタントの大物であったからに他ならない。しかし、こうした人事が諸刃の剣であることも、再軍備問題で閣僚を辞任したハイネマンの事例は示した。

ともあれアデナウアーは、連立相手や党内ライバルを取り込むための手段として閣僚ポストを用いた。その際、アデナウアーは官庁設立権を活用し、結果的に当初の予定を超える一三の省を設立することとなる。

首相府の活用

また、アデナウアーの「宰相民主主義」の鍵を握ったのは、首相府である。首相府は、首相の補佐・助言機関であると同時に、政府の決定を統御し、各省間の調整をする任にもあたる。アデナウアー時代の首相府で重要な役割を果たした人物としては、次官を務めたオットー・レンツ（在任一九五一〜五三）やハンス・グロプケ（一八九八〜一九七三、在任一九五三〜六三）が挙げられる。とりわけグロプケは、各省庁の予算や人事に対しても絶大な権力を振るった。

アデナウアーは、昼食後に仮眠をとったのち、官邸パレ・シャウムブルク周辺を三〇分ほ

グロプケ（右）とアデナウアー，官邸の庭園で

ど散歩することを日課としていたが、そこにはつねにグロプケが付き添っていた。このグロプケとの対話で、アデナウアーはしばしば重要な政策を固めたり、人事上の決断を下したりしたという。グロプケがナチス時代にニュルンベルク人種法のコメンタール（注釈）を書いた経歴を持つことはよく知られ、彼の重用は内外から批判を浴びていた。にもかかわらずアデナウアーは、グロプケの有能さから、彼を決して手放そうとしなかった。

議会との関係

アデナウアーの政治指導では、議会は無視されがちであった。とりわけ外交問題については、すでに確定した事項の追認機関となってしまうこともしばしばであった。もちろん、こうしたアデナウアーの議会軽視の政治は、与党CDU／CSUの議員たちからも批判が強かった。

それゆえ、政府と連邦議会議員とのあいだを取り持つ役として、連邦議会の議員団長（院内総務）が重要となってくる。アデナウアー時代にその重責を担ったのは、ハインリヒ・フォン・ブレンターノ（在任一九四九～五五、六一～六四）とハインリヒ・クローネ（一八九五～一九八九、在任五五～六一）である。アデナウアーに近かった彼らは、議員団の代表というよりは、首相と議員間の仲介者として振る舞った。彼らを通じてアデナウアーは、個別議員の説得を行ったのである。

このように、アデナウアーの「宰相民主主義」にとって重要なポストは首相府次官と議員団長であった。一九五〇年代半ば以降は、首相府次官グロプケと議員団長クローネとともに、アデナウアーは「水曜会合」と呼ばれるインフォーマルなサークルを立ち上げ、そこで重要な政策の指針を定めていった。その外交政策グループには、ブランケンホルンやハルシュタイン、オスターヘルトらすでに本書に登場した人物が参加していた。

組織が脆弱なCDU

党内政治にも目を向けよう。一九五〇年一〇月二〇日から二二日にかけてニーダーザクセン州の小都市ゴスラーで開催された第一回全国党大会で、CDUはようやく連邦レベルの党組織を整備するとともに、アデナウアーを党首に選出した。以後アデナウアーは一六年間党首を務めることになる。党首の座を退くのは一九六六年、実に九〇歳のときであった。

発足当時のCDUは党組織が脆弱《ぜいじゃく》で、さまざまな利害関係を持つ人・集団の雑多な集まりだった。象徴的なのは、連邦レベルで党を組織化したとき、独自の党綱領は作成されず、代わりに、選挙の際に「選挙綱領」を打ち出すことによって、その都度の有権者の要望に応えようとしたことである。

こうした党支持基盤の錯綜した利害関係を調整する必要性、党内の統一性を保つ必要性が、「調停者」や「シンボル」としてのアデナウアーの権威を高めた。CDUの脆弱性は、アデナウアーの党内における権力の源泉だったのである。

たとえばアデナウアーは、党内の宗派バランスに配慮し、調停者の役を演じている。いかに宗派を超えた国民政党を目指していたとはいえ、一九五〇年代前半のCDUは、なによりもカトリックの政党であった。一九四九年の連邦議会選挙やそれ以降の州議会選挙の結果は、CDUがプロテスタント層にあまり支持されていないことを明らかにしていた。北部ドイツにはまだドイツ党など競合する保守政党がいたし、アデナウアーの「西側結合」政策は、プロテスタントが多数を占める東部ドイツを犠牲にするものと見なされていた。

こうした状況を背景に、アデナウアーは、CDU党内の要職について、カトリックとプロテスタントを同等に扱う、宗派均衡の人事を行う。また、連邦議会議長にプロテスタントのヘルマン・エーラース（一九〇四〜五四）を据え、彼に党内プロテスタントの意見を集約させた。さらに、宗派別学校問題など個々の政策領域でも、カトリック色が前面に出ないよう配慮している。

CDUの選挙戦略

アデナウアーが党首在任中、連邦議会選挙は一九五三、五七、六一、六五年と四回行われたが、CDUは、CSUと合わせて得票率四五％を下回ったことはなかった。後述する一九五七年選挙では、ドイツ憲政史上初の与党による絶対多数の獲得を記録している。

一九五〇年代におけるアデナウアー政治の成功、特にCDUの得票率の増加は、しばしば西ドイツの高度経済成長に理由が求められる。もちろん、「経済の奇跡」が政府与党に対する信頼を高めたことは言うまでもない。だが、見逃すべきでないのは、現代史家フランク・ベッシュが論じるように、CDUの成功は、アデナウアーを中心とする同党の主体的な努力の結果でもあるということである。

第一に、CDUは、一九五〇年代を通して、社会民主党よりも右に位置する小政党（たとえば故郷被追放者・権利被剥奪者連盟〈BHE〉やドイツ党など）の吸収に努める。ここでもイニシアティブを発揮したのはアデナウアーだった。アデナウアーは、ポストや選挙協力を提示して右派諸政党を取り込む一方で、その多くがプロテスタント系だったため協調を嫌がったCDU内カトリックを抑えこむ。

一九五〇年代末には、戦後新たに設立された小政党・地域政党・利益政党の大部分がCDUに吸収・統合された。これはCDUの力を大きく強める。BHEの取り込みは被追放者の票をもたらし、ドイツ党の吸収は、プロテスタントが多く、もともとCDUが弱かったニーダーザクセン州におけるCDUの優位を確保したからである。

一九六一年の連邦議会選挙以来、西ドイツの連邦議会の議席は、八三年に緑の党が進出するまで、CDU／CSU、FDP、SPDの三勢力のみによって占められるようになる。この三党体制の成立の要因は、五％条項の存在などが挙げられるが、CDUによる小政党の統合も大きかった。

第二に、CDUは、きわめて現代的な選挙戦略を展開した。たとえば、メディアを通じたワンフレーズ・ポリティクスやイメージ操作である。選挙にあたってCDUは、「実験は要らない！（Keine Experimente!）」や「（共産主義から）西洋を救え！」といった効果的なスローガンを用いた。また、一九五三年の連邦議会選挙では、党名ではなく「アデナウアー」を前面に押し出している。ＣＤＵの選挙ポスターのなかには、アデナウアーの肖像にただ「ドイツはアデナウアーを選ぶ」という標語だけがあり、党名すら記されていないものもあった。「敵」のイメージ操作も行われた。同じく一九五三年の連邦議会選挙で、ＣＤＵは、ＳＰＤが反共産主義の政党であるにもかかわらず、ソ連に対する国民の恐怖感を煽るかたちで「あらゆるマルクス主義の道はモスクワに通じる」という反ＳＰＤキャンペーンを張った。さらに、世論調査も積極的に活用した。たとえば、一九五三年の連邦議会選挙直前の世論調査で、国民が最も関心を寄せるのが物価上昇であることを知ると、アデナウアーは、たばこやコーヒー、紅茶の税率を即座に引き下げている。

「あらゆるマルクス主義の道はモスクワに通じる」と書かれたＣＤＵのポスター，1953年

　第三に、アデナウアーは、金権政治も厭わなかったし、旧ナチス層に対する懐柔政策もためらわなかった。たとえば、各種利益団体

の支持を得るために、アデナウアーが利権をばらまいたことはよく知られている。さらに、旧ナチス関係者に関わる恩赦委員会を設置することによって、保守層の支持を得ることも行っている。

こうしたアデナウアーの選挙戦略に共通しているのは、CDUが強くなければ、一方で共産主義・社会主義勢力が拡大し、他方ではナチスのような強力な右翼政党が台頭するというレトリックである。それはレトリックにとどまらず、アデナウアーの信念に近いものでもあった。

むろんアデナウアーは、首相在任中の全期にわたって強大な権力を維持できたわけではない。アデナウアーの「宰相民主主義」の絶頂は、一九五三年の第二回連邦議会選挙から五七年の第三回連邦議会選挙あたりまでである。その後、彼の権力は弱まっていくのだが、その過程をたどる前に、アデナウアー政権の内政における成果を確認しておこう。

2　国内秩序の安定——社会政策による統合

初期の政策——敗戦後の苦境からの脱却

敗戦直後のドイツで国民生活が荒廃・混乱するなか、米英仏の西側占領軍は統一的な社会保険制度の導入を構想していたが、それは実現しなかった。社会政策による国内秩序の回復という課題は、アデナウアーの手に委ねられたのである。そして、アデナウアー政権による一連の社会政策は、結果として社会国家、ドイツ型福祉国家の基盤を形成することとなった。

西ドイツ建国直後、国民の苦境や窮乏の緩和、インフラ整備が求められ、以下の五つが差し迫った課題となった。

第一は、住宅の建設である。すでに占領期から個々の州が住宅建設に対応していたが、それでも西ドイツ建国時点で五〇〇万戸近くの住宅が不足していた。そのため、アデナウアー政権は住宅建設省を新設し、この問題に対応した。一九五〇年四月に制定された住宅建設法（第一次）により、社会住宅の建設が促進される。さらに一九五三年以降は個人用一戸建て住宅の建設が奨励されるようになった。

第二は、負担調整である。すなわち、第二次世界大戦の戦災者や、通貨改革の被害者の救済のために、戦争によっても財産を失わなかった者に負担を負わせる「負担均衡法（LAG）」が定められた。

これは、一九五二年五月に議決され、総調整額は一一五〇億マルクにのぼった。歴史家クリストフ・クレスマンが論じるように、この「ドイツ史上最大の資産課税」と呼ばれる負担均衡法は、社会構造の変化こそもたらさなかったものの、零落住民を社会へと統合する効果を挙げた。

第三は、負担調整とも関わるが、被追放者・難民の統合である。西側占領地区は一〇〇〇万人の被追放者・難民を受け入れた。建国初期、西ドイツには失業者があふれ、そのため高等弁務官府も難民の受け入れに反対する。これに対してアデナウアーは受け入れを決断し、多くの難民はアデナウアーに感謝することとなる。

一九四九年には被追放者の組織化が進み、「東部ドイツ同郷人会連合」や「被追放者中央連盟」が設立され、五〇年一月には被追放者中央連盟を母体として「故郷被追放者・権利被剝奪者連盟（BHE）」が創設された。これが第二次アデナウアー政権の連立与党となったことはすでに述べた通りである。政治的にはキリスト教民主同盟（CDU）が被追放者の取り込みを図るなか、一九五〇年代の経済的繁栄によって、被追放者の西ドイツ社会への統合が、当初の予想よりはスムーズに進められたと言ってよいだろう。

第四は、共同決定制度である。一九五一年五月の「共同決定法」により、石炭・鉄鋼業に労使対等の共同決定制度が導入された。

労使同権というかたちでの共同決定制度は、とりわけ連立与党の自由民主党（FDP）の反対が強かったが、アデナウアーの政治的な判断によって成立した。アデナウアーは、ドイツ労働総同盟の議長ハンス・ベックラーと交渉し、この共同決定法制定と引き換えに、再軍備と欧州石炭鉄鋼共同体に対する労組の同意を取り付けたのである。実際、一九五二年に制定された一般産業に関する「経営組織法（BVG）」では労使対等が認められず、五一年の共同決定法から後退することとなる。

第五は、ナチ体制による人種的・政治的・宗教的な被迫害者への補償である。前述のイスラエルおよびユダヤ人団体と結んだルクセンブルク補償協定の定めに基づき、一九五三年に「ナチス迫害犠牲者の補償のための連邦補充法」が公布され、さらにそれを改善する「連邦補償法」が五六年に成立した。

連邦補償法は、身体・健康に対する被害、強制収容所やゲットーなどにおける自由の剝奪、失われた就業機会などに対する補償を定めたものである。ただし連邦補償法の対象は、一九五二年末現在で連邦共和国に住んでいるか、三七年末時点で旧ドイツ帝国の領域に住んでいた者に限られていた。こうした限定的な補償を改善していくのは、アデナウアー後の政権の仕事となる。

これらの政策はそれぞれ画期的であったが、共同決定やナチ体制に対する補償にみられるように、アデナウアー政権の保守性や限界もそこに表れていた。

年金改革――動的年金の導入

さて、一九五〇年代に西ドイツは驚異的な経済復興を遂げた。これは、すでに述べたように「経済の奇跡」と呼ばれる。こうした経済成長を背景に、アデナウアーは、一九五〇年代半ばから経済成長の果実を国民全体に還元する「社会国家」(福祉国家とほぼ同義)の建設に乗り出していく。すでに一九五三年一〇月の第二次アデナウアー内閣組閣後の施政方針演説で、「包括的な社会改革のプログラム」が予告されていた。

その結果、マイホーム支援政策や子女養育補助金《キンダーゲルト》が導入されたが、最も重要だったのは年金改革である。一九五五年にアデナウアーは、ボン大学で経済学を講じていたカトリック企業経営者連盟事務局長ヴィルフリート・シュライバー(一九〇四～七五)を社会改革のために組織された閣僚委員会に招き、年金改革案を提示させた。彼の案は「シュライバー・プラン」と呼ばれ、これを土台に年金改革が進められていく。これは、従来の積立方式から、「世代間契約」に基づき現役世代の保険料から引退世代の年金を支給する賦課方式へ転換するとともに、賃金スライド制を導入するものであり、「動的年金」と呼ばれた。

シュライバー・プランに対し、財務相シェファーは財政圧迫を理由に難色を示し、経済相エアハルトはインフレを危惧して反対した。さらに銀行や保険業界もこの動的年金に反対した。連立与党のFDPやDPも同様であった。しかしアデナウアーは、異論を抑えて賃金スライド制を押し通す役割を果たす。たしかにアデナウアーは内政について「なるように任せていた」面もあるが、この年金改革では強力に介入した。こうしたアデナウアー自身の後押しもあり、一九五七年一月に年金改革は達成される。

この改革により、当時の労働者年金の支給額は六五％の増額、職員年金は七二％の増額をみせた。これまで経済成長から取り残されていた年金受給者も、その果実に与ることになったのである。年金改革は政治的にもアデナウアー政権の大きなポイントとなり、次の第三回連邦議会選挙におけるCDUの大勝へと導くこととなる。

しかし、比較政治学者の平島健司が論じるように、この年金改革は限界を抱えたものであった。本来目指していた「包括的な社会改革」は、年金改革のみにとどまったからである。アデナウアーは疾病・災害年金の改革にも乗り出そうとしたが、結局それはかなわなかった。また、この年金改革は、階層間の所得格差に手を触れるものではなかったのである。

「保守的近代化」の時代

ともあれ、「経済の奇跡」と福祉の進展により、国民の生活も変わった。すでに述べたように経済成長率は年平均で約八％、失業率も一〇％台から一％台にまで減少した。この間西ドイツの労働者の手取りの賃金および給料は二倍となった。各家庭には次第に冷蔵庫・洗濯機・テレビが備えられ、一九六〇年頃には全世帯の四分の一が自家用車を所有するようになっていた。

近年の社会史的な研究によれば、一九五〇年代の西ドイツ社会は、私生活への集中、家庭への専心の時代だったという。西ドイツ国民は、労働生活や住環境で大きな変化を経験しつつも、政治的な改革にはほとんど関心を持たなかったし、大多数が非政治的だった。「実験は不要」という与党に満足し、自分たちの私生活を守るため、家父長的なアデナウアーに公的業務を委ねたのである。もちろんこれには、ナショナリズムが横溢《おういつ》した「政治の時代」であったナチス期からの反動という面があろう。

経済復興と豊かな社会の建設、近代化に大きな力を注ぐ一方、ナチスの過去については殊更に言及しないアデナウアーの政治は、「過去」の忘却を望み、何よりも生活の安定を求めた西ドイツ市民の心情にピタリと合致するものであっただろう。この問題については終章であらためて触れたい。

一九五七年第三回連邦議会選挙の圧勝

こうして秩序の安定をもたらし、さらに豊かな社会も実現したアデナウアー政府は、国民の信任を受ける。一九五七年九月一五日、第三回連邦議会選挙が行われた。投票率は約八八％で、CDUとCSUは五〇・二％、SPDは三一・八％、FDPは七・七％の得票率だった。CDU／CSUが絶対多数を獲得するという、ドイツ憲政史上に残る大勝利であった。

しかし一方で一九五七年選挙は、エアハルトが「アデナウアーの次」として台頭し、CDU内におけるアデナウアーの地位の相対的衰退を画した選挙でもあった。選挙戦でも、CDUはアデナウアーとエアハルトの二人を前面に出し、エアハルトの演説回数はアデナウアーのそれを上回った。エアハルトは、第一次世界大戦後の義勇軍の名をもじって「エアハルト旅団」と呼ばれた自身の派閥とCSU議員団の後押しを受け、アデナウアーの抵抗にもかかわらず、選挙後の組閣で副首相に就任するのである。

3　権威の失墜――エアハルトの台頭と大統領選

エアハルトとの関係

アデナウアーとエアハルトの関係は一筋縄ではいかない。二一歳違いの二人は政治的ライバルとして有名であるものの、両者の名声は互いに支え合った面が大きい。

バイエルンのプロテスタントとして生まれたルートヴィヒ・エアハルト（一八九七～一九七七）は、ナチ党員ではないが、すでにナチス時代に経済の専門家として頭角を現しており、戦後はアメリカ占領軍の信任を得て、バイエルン州の経済相（無所属）として政治の舞台に上がってきた。一九四八年一月には、FDPの推挙で、前述のフランクフルト経済評議会の経済部長に就任している。

エアハルトの名声を高めたのは、通貨改革時に、物資と物価に対するそれまでの統制を解除し、退蔵されていた食糧・原料・商品を市場に流通させ、経済発展の端緒を開いたことである。この手腕に目をつけたアデナウアーは、エアハルトをイギリス占領地区CDUの党大会に演説者として招待した。以後、エアハルトはアデナウアーと緊密な関係を結び、連邦政府の経済相として「経済の奇跡」や「社会的市場経済」のシンボルとなった。

経済政策に関し、アデナウアーとエアハルトに最初から大きな隔たりがあったとは言えない。エアハルトが重視する、経済的な自由と競争秩序の尊重は、アデナウアーも同意するところであった。二人の違いは、大きく言えば、エアハルトが「秩序自由主義（オルドリベラリズム）」という考えに基づき、自由主義経済の原則に忠実であろうとする専門家タイプの政治家だった一方、アデナウアーはあくまでも権力関係のなかでモノを考えようとする権力政治家であったところだろう。

アデナウアーとエアハルトが最初に衝突したのは、朝鮮戦争時である。アメリカの高等弁務官マックロイが西側諸国の協力体制の強化を求めたとき、アデナウアーは、ドイツ工業全国連盟（ＢＤＩ）をはじめとする経済界の諸団体とともに、企業間の協調による一種の計画経済を導入しようとする。この動きにエアハルトは反対し、その結果、政策決定過程から排除される。

アデナウアーとエアハルトの不仲は、一九五六年の景気抑制をめぐる対立から、周知のものとなった。経済相エアハルトは、インフレ懸念を解消するため農産物を含む関税の一律三〇％引き下げを提案していた。一方、ドイツ工業全国連盟は、通貨安定よりも生産の優位を重視し、経済相の政策を批判した。そして、一九五六年五月にケルンで開かれたドイツ工業全国連盟総会で、連盟会長フリッツ・ベルクとアデナウアーが、エアハルトを公然と批判したのである。そもそもこの総会に招かれなかった閣僚は、エアハルトと

エアハルト（左）とアデナウアー，1959年

財務相シェファーだけであった。

こうして首相と経済相の対立はセンセーショナルなかたちで公になった。このときの抗争は、アデナウアーに対するCDU議員団の強い反発を惹き起こし、エアハルトの勝利に終わっている。

さらに、一九五九年の石炭危機も重要である。廉価な石油におされ石炭産業の将来が危ぶまれたとき、エアハルトは、一九五三年に廃止されていた石油税の再導入と、石炭産業の合理化を実施しようとする。これに対しアデナウアーは、原油輸入量の上限を定めることで対応しようとした。この件も最終的にエアハルトが勝利し、石油税の再導入となった。

加えて、前述のように一九五七年の組閣交渉でも両者は衝突していた。もはやアデナウアーにとって、エアハルトは邪魔な存在でしかなかった。こうしたエアハルトに対する反感などが相まって、一九五九年にアデナウアーは、その権威を決定的に失墜させる愚を犯すことになる。

権威の失墜——一九五九年の大統領選立候補問題

一九五九年は、建国以来二期一〇年にわたって連邦大統領を務めてきたテオドール・ホイスの任期が切れる年であった。ホイスはこの一〇年のあいだ高潔に振る舞い、象徴的存在とはいえ、連邦大統領という職の重要性を高めていた。このホイスの後継大統領をめぐって一九五八年あたりから与野党の策動が始まるが、その駆け引きのなかで、アデナウアーは独善的な振る舞いを繰り返し、権威を決定的に失墜させていくのである。

そもそもアデナウアーは、最初のうちは基本法を改正し、ホイスを三選させようと考えていた。そのためハインリヒ・クローネを大統領候補に推すCDU議員団の声を無視する。しかし、ホイス自身が三選を辞退したのである。

一方、一九五九年五月一二日、SPDが、つねに党や連邦議会の要職を務め、「基本法の父」の一人としても名声が高かったカルロ・シュミートを大統領選候補に決定する。SPDのシュミートが大統領となることを避けるために、アデナウアーは、一度は自分が反対したクローネを擁立しようとする。しかし、今度はクローネが拒否した。

アデナウアーは、次にエアハルトに目をつける。次期首相と目されていたエアハルトを、名誉職的な大統領に祭り上げようとしたのである。これは、エアハルトの影響力を疎んじるアデナウアーと、次期首相を狙っていた内相ゲルハルト・シュレーダー（一九一〇～八九）の結託による策動であった。しかしこの案は、CDU議員団との間で紛糾を呼び、結局エアハルト自身が辞退を表明する。

こうしてエアハルト擁立計画が挫折した後、今度はアデナウアー自身が大統領職に興味を示すようになる。ここでアデナウアーは、自身が大統領になるにあたって、大統領の国家元首的性格を強調するとともに、たとえば閣議への参加権など、大統領に実質的権力を付与しようと動き出す。大統領の閣議への参加は、そもそもアデナウアー自身が禁じていたにもかかわらずである。

アデナウアーは、自らに代わる首相の後継者として財務相フランツ・エッツェル（一九〇二～七〇）を推す。しかしエッツェルはCDU／CSU議員団の支持を得られず、エアハルトが次期首相として有力になっていく。これを避けたいアデナウアーは、自身の大統領選立候補を断念するのである。

この一連の大統領選をめぐるアデナウアーのきわめて自己中心的な振る舞いは、当然党内の強い反発を惹き起こした。結局、アデナウアーは農相ハインリヒ・リュプケ（一八九四～一九七二）を大統領候補に擁立し、無事に大統領に選出させ、事態を沈静化させる。しかし、以後党内におけるアデナウアーの権威は著しく失墜したのである。

4　時代の終焉——第二次ベルリン危機からエリゼ条約へ

ド・ゴールとの出会い

一九五八年六月、アルジェリアの独立問題を契機に、フランスでシャルル・ド・ゴール（一八九〇～一九七〇）政権が成立した。アデナウアーは、当初ド・ゴールに不信感を抱いていた。このフランスの英雄が、NATOの結束とヨーロッパ統合の進展を妨害し、ソ連と関係を結ぶのではないかと恐れたからである。それゆえ、ド・ゴールから会談の打診があったものの、アデナウアーはためらっていた。

ようやく九月一四日、アデナウアーは「大きな不安を抱えながら」も、フランス北東部のコロンベの私邸にド・ゴールを訪ねた。この会合は友好的に進み、結果、両者は東側の脅威に対して「ヨーロッパの構築」を目指す点では一致する。何よりもアデナウアーは、ド・ゴールの率直な態度に感銘を受けた。以後、アデナウアーはド・ゴールを高く評価するようになる。ここから両者が一直線に「独仏枢軸」へ向けて進むわけではないが――現にこの数日後にアデナウアーはド・ゴールのNATO政策に激怒する――、その基盤はこのとき据えられた。

初会合から一〇週間後の一九五八年一一月二六日、今度はド・ゴールがアデナウアーをバート・クロイツナハの保養地に訪ねた。そこで両者はソ連について意見交換し、ベルリンの現状維持を確認している。すでにベルリンをめぐって危機が始まろうとしていたからである。

第二次ベルリン危機

東西ドイツ分断後も、東西ベルリン間の往来は自由であり、西ドイツ領域と西ベルリン間の往来も米英仏の占領に伴う権利として保障されていた。そうしたなか、西ドイツの経済成長により東西ドイツの間に大きな経済格差が生まれると、数多くの東ドイツ市民がベルリンを経由して西側に流出するようになる。特に東ドイツにとって深刻だったのは、若い人材や、知識人、熟練労働者が西側に向かったことである。こうした事態は、東ドイツ国家の政治的・経済的安定を脅かすものであった。国家評議会議長ヴァルター・ウルブリヒト(一八九三〜一九七三)は、ソ連書記長フルシチョフに状況の改善を要請し、ソ連はこの問題に対処する必要に迫られる。

アデナウアーとド・ゴールのクロイツナハ会合の翌日である一九五八年一一月二七日、フルシチョフは、西ベルリンの「非武装自由都市」化を提案し、それが認められなければ、ソ連は東ドイツと単独で平和条約を締結し、四大国の権利であるベルリンへの通行管理を東ドイツに移管するとした。第二次ベルリン危機の始まりである。

この間、アデナウアーがベルリン問題について手をこまぬいていたわけではない。すでに一九五八年三月七日、極秘に駐西独ソ連大使アンドレイ・スミルノフと接触し、「オーストリア方式」による東ドイツの中立化をもちかけていた。これは、一九五五年に米英仏ソの四ヵ国占領から独立し、中立国となったオーストリアをモデルに、東ドイツを中立化させようとするものだった。

また第二次ベルリン危機勃発後、アデナウアーは、「グロプケ・プラン」と呼ばれる計画を一九五九年と六〇年の二回にわたって策定させていた。グロプケ・プランは、従来の立場より踏みこんで、まず東ドイツを「国際法的に承認」し、その五年後に再統一に関する自由かつ民主的な全ドイツ国民投票を行うというものであった。しかし、これらアデナウアーが単独で極秘に進めたイニシアティブは、当時の状況では意味をもたなかった。やはり再統一およびベルリン問題の鍵を握るのは、権限を留保する西側三国なのである。

英米への不信とド・ゴールへの接近

一九五九年二月七、八日、ダレス米国務長官がボンを訪問した。ダレスはソ連に対して譲歩する気はなく、アデナウアーには心強かった。しかしアデナウアーは、このときダレスの体調を心配していた。ダレスはがんに侵されていたのである。五月二四日のダレスの死は、親友を失うと同時に、「共闘者」を失ったという意味で、アデナウアーを悲しませた。アデナウアーによると、「ダレスほど、自由世界にとってのボルシェヴィズムの脅威を理解している者はいなかった」からである。

一方、アイゼンハワー米大統領は、西ドイツの立場を最大限尊重しつつも、ベルリン危機をソ連との直接交渉によって解決する方向へ傾いていた。イギリスにいたっては、西ドイツにほとんど配慮を払わなかった。こうした米英の動きに対し、アデナウアーは苛立った。西ドイツの頭越しにソ連と合意されることへの恐怖が募ったからである。

アデナウアーは、ド・ゴール仏大統領に期待をかけるようになる。実際ド・ゴールは、ベルリン問題をめぐってはアデナウアーの立場を支持し続けた。たとえば、一九六〇年五月一七、一八日にパリで行われる米英仏ソ四ヵ国首脳会談の準備として、一五日から当地でアイゼンハワー、ハロルド・マクミラン英首相、ド・ゴール、アデナウアーのあいだで会合がもたれたが、そこでド・ゴールは一貫してドイツの利害に配慮したのである。

よく知られているように「祖国からなるヨーロッパ」を掲げたド・ゴールのヨーロッパ政策は主権国家から構成される政治同盟であり、超国家的《スープラナショナル》な志向を持つアデナウアーのヨーロッパ統合構想とは本質的には相容れない。しかしアデナウアーは、ドイツ問題およびベルリン問題について、ダレスに代わる共闘者として、ド・ゴールを尊重するようになっていく。

なお、四ヵ国首脳会談は、アメリカの偵察機がソ連領内で墜とされたU2機撃墜事件をめぐって早々に挫折する。この報せは、準備会合でアイゼンハワーとマクミランに不安を抱いていたアデナウアーにとって、安堵すべきものであった。

年が明けて一九六一年一月、アメリカでは民主党のジョン・F・ケネディ（一九一七～六三）が四三歳で大統領に就任した。大統領選でケネディは、アイゼンハワー共和党政権の西ドイツ重視政策を批判していた。一九六一年四月にアデナウアーは訪米し、アメリカに引き続きNATOにおける「指導力」の発揮を求めたが、自分の半分くらいしか生きていない新大統領とうまくやっていけるか疑わしく思っていた。

ベルリンの壁の建設——一九六一年八月一三日

第二次ベルリン危機以降、ベルリンからの流出者は急増していた。一九六〇年には約二〇万人、六一年七月だけでも三万人以上が東ドイツを後にした。危機感を募らせた東ドイツ指導者ウルブリヒトは、西ベルリンを封鎖するようフルシチョフに訴える。米英仏との交渉も膠着状態のなか、フルシチョフは決断を下す。

一九六一年八月一三日未明、東西ベルリンの境界線上に壁が建設され始めた。壁は、当初は鉄条網の柵であったが、次第に強固なコンクリートの壁と化していく。境界線上にあった建物は、逃亡ルートになるため、窓を塗り固められていった。塗り固められる前に、窓から飛び降りる者もいた。西ベルリンが包囲されたかたちではあるが、実際に閉じ込められたのは、東ドイツの人々だった。

ベルリンでこうした悲劇が起きているとき、西ドイツは第四回連邦議会選挙の選挙戦のさなかであった。アデナウアーは、ベルリンの壁が構築され、側近たちがベルリン行きを勧めたにもかかわらず、通例の選挙運動を続けた。

さらに壁の建設が始まって一日後の八月一四日の選挙演説では、西ベルリン市長でありSPDの首相候補だったヴィリー・ブラント（一九一三～九二）を貶《おとし》めようとし、「ブラント、別名フラーム」と呼んだ。ブラントは非嫡出子であり、彼の本名であるフラームと呼ぶことは、つまりブラントの出自を侮辱することにつながる。

多くの国民はアデナウアーに失望した。ブラントが西ベルリン市長として壁建設への対処に奮闘するなか、アデナウアーは、ベルリンにも行かず、いつも通りの、しかも下劣な権力闘争を繰り広げていたからである。ようやくアデナウアーがベルリンに入ったのは、八月二二日のことだった。世論は正直に反応し、与党への支持率は四九％から一気に三五％に急落した。

政権基盤の弱体化——一九六一年第四回連邦議会選挙

一九六一年九月一七日、第四回連邦議会選挙が行われた。結果は得票率がCDU／CSU四五・三％、SPD三六・二％、FDP一二・八％。CDU／CSUは比較第一党ではあっ

アデナウアー時代の連邦議会選挙結果

	第1回		第2回		第3回		第4回	
年月日	1949. 8. 14		1953. 9. 6		1957. 9. 15		1961. 9. 17	
投票率	78.5		86.0		87.8		87.7	
議席数	402		487		497		499	
	得票率	議席	得票率	議席	得票率	議席	得票率	議席
CDU/CSU	31.0	139	45.2	243	50.2	270	45.3	242
SPD	29.2	131	28.8	151	31.8	169	36.2	190
FDP	11.9	52	9.5	48	7.7	41	12.8	67
その他	27.9	80	16.5	45	10.3	17	5.7	-

たが、前回選挙で獲得していた過半数を失うという敗北であった。ベルリンに対するアデナウアーの対応が、明らかに敗因の一つであった。

大きく得票を伸ばしたFDPとの連立によって政権維持は可能だったものの、FDP党首エーリヒ・メンデ（一九一六～九八）は、ここぞとばかりアデナウアーを攻撃し、自党の要求を貫徹しようとした。五八日にわたる連立交渉のあいだ、アデナウアーは、首相としての資質や、「西側結合」政策の妥当性を問われる。結局、アデナウアー路線に忠実だったフォン・ブレンターノ外相は更迭され、アデナウアー自身も任期内の「適切な時期」に首相の座の禅譲を約束させられてしまう。

なお、SPDは、すでに一九五九年一一月の党大会で「バート・ゴーデスベルク綱領」を採択し、マルクス主義に基づく階級政党から国民政党へと脱皮を遂げつつあった。また、翌年には外交・安全保障政策面でもNATOおよび連邦軍を承認し、CDUと同じ土俵に乗ったうえで、その硬直的な外交を批判するようになっていた。

アメリカとの疎隔

ベルリン問題をめぐって西側内では、対ソ交渉の推進を望む米英と、それに反対する独仏という意見の相違があった。しかしアデナウアーは、連邦議会選挙の敗北あたりから、西側とソ連との交渉は不可避と観念していた。

一九六一年一一月二〇日、アデナウアーは、アメリカの対ソ交渉余地を限定するため、ブレンターノの後任のゲルハルト・シュレーダー外相とフランツ・ヨーゼフ・シュトラウス国防相とともに、ワシントンを訪問する。

アデナウアーはケネディ米大統領に、東ドイツによる東西ベルリン間の通行管理の容認など、ベルリン問題についてはいくつかの譲歩の可能性を示唆するとともに、オーデル・ナイセ線や西ドイツの核保有に関してソ連に譲歩しないよう釘を刺した。ケネディもこれに同意した。しかしこの路線は、一方では一切の対ソ譲歩を拒むド・ゴール、他方ではベルリン問題以上の譲歩、つまり東ドイツ承認やオーデル・ナイセ線、そしてヨーロッパ安全保障措置を目指すソ連によって頓挫し、西ドイツの態度も硬化していく。

ここでケネディ政権は、ソ連との二国間の合意を目指すようになる。冷戦史家の青野利彦によれば、このアメリカの対ソ交渉方針は十分に西ドイツに配慮されたものであったが、一九六二年四月、アメリカが承認するよう提示してきた対ソ交渉諸原則をアデナウアーは拒絶した。

この諸原則が記された文書は、何者かによって西ドイツのメディアに漏洩《ろうえい》され、報道された。文書には、核不拡散や東西不可侵協定など、西ドイツが公式に容認できない項目が入っていた。アメリカ側から見れば、アデナウアー政府が意図的に情報を流したことは明らかだった。ケネディは、ヴィルヘルム・グレーヴェ駐米大使の更迭を求める。この後、独米間では非難の応酬がしばらく続き、両者の仲は冷え込んだ。

また、一九六二年一〇月に生じたキューバ・ミサイル危機に際しては、アデナウアーはケネディ政権の対応を基本的に支持し続けたものの、危機の結果、アメリカが西ドイツの頭越しにソ連との緊張緩和へ向かうことを恐れた。米ソ接近に対するアデナウアーの不信は高まるばかりだったのである。

ド・ゴールか大西洋主義か

こうした対米離反は、アデナウアーをいっそうド・ゴールに接近させることとなる。一九六二年七月二日からアデナウアーはフランスを訪問する。八日にはシャンパーニュで独仏の軍隊が合同でパレードし、独仏の首脳が、かつてフランス王が戴冠する場でもあったランスの大聖堂で並び立った。両国の兵士が多くの血を流した地で、「不倶戴天の敵から友人へ」という独仏和解の演出がなされたのである。続いて一九六二年九月にはド・ゴールが西ドイツを訪問し、西ドイツ国民を前にして、独仏間の友情をドイツ語で情熱的にアピールした。

この独仏接近は、独米関係をさらに緊張させた。西ドイツはNATOの多角的核戦力（MLF）交渉にも参加していたが、アデナウアーは、MLFの軍事的有用性には懐疑的であり、核保有国であるフランスと緊密な関係を結ぶことによって、対米依存を脱することを狙っていた。

また、ド・ゴールは一九六〇年から、欧州経済共同体（EEC）六ヵ国による政治・外交・防衛分野の政府間協力的な同盟構想（「フーシェ・プラン」）を打ち上げていたが、EECの超国家的《スープラナショナル》な統合からの後退を嫌ったベネルクス諸国の反対にあい、六二年にはそれも行き詰っていた。ド・ゴールは、独仏の二国間関係に彼のヨーロッパ構想を託し、独仏二国だけの政治同盟を形成しようとしたのである。

このとき西ドイツに突きつけられていたのは、ド・ゴールのフランスに与《くみ》する「ヨーロッパ」を構築していくか、アメリカと結びついて大西洋同盟を守っていくかという選択であった。これまで見てきたように、従来アデナウアーはこの両者を巧みに調和させてきた。しか

ド・ゴール仏大統領（右）とアデナウアー，1962年

し一九五〇年代末以降の西側同盟内の利害の分岐により、その調和は不可能になってきた。ここから西ドイツ内では、「ゴーリスト（ド・ゴール主義者）」路線と「アトランティカー（大西洋主義者）」路線との対立が生じることとなる。表面的な争点は西ドイツの核アクセスの方途だが、それを超えて将来のヨーロッパ像と、アメリカに対する自立性が問われていた。

この時点でアデナウアーが選択したのは、「ゴーリスト」路線である。ド・ゴールとアデナウアーの将来のヨーロッパ像は根本的に異なっていたが、アデナウアーは、このとき独仏関係の強化を優先させたのである。

SPDのシュミートとの対話のなかで、アデナウアーは、ド・ゴール的なヨーロッパは一つの段階であり、そのあとに真の超国家的《スープラナショナル》なヨーロッパを構築する時代が訪れるという考えを明らかにしている。

しかし一九六二年には、もはやアデナウアーの国内的な権力基盤も崩壊寸前であり、彼が自分の路線を貫徹できるとは限らない状態にあった。

シュピーゲル事件

そのような状態のなか、アデナウアー時代の終焉を告げる決定的な事件が一九六二年秋に起こった。「シュピーゲル事件」と呼ばれるものである。一九六二年一〇月、雑誌『シュピーゲル』が、NATOの極秘演習を暴露する記事を掲載した。これに対して国防相シュトラウスは、NATOの機密に触れたとして『シュピーゲル』編集長ルドルフ・アウクシュタインや、記者コンラート・アーラースらを逮捕し、同誌の事務所を閉鎖させたのである。

こうした暴力的な措置に対し、FDP出身の司法相ヴォルフガング・シュタムベルガーが、事前に告知されなかったとしてシュトラウスを非難し、一一月一九日にはFDPの全閣僚五人が辞任を決定するという事態にまでいたった。

FDPは、連立に復帰する条件として、シュトラウス国防相の辞任と、アデナウアーの首相辞任時期の明示を要求。それに対しアデナウアーはSPDとの大連立も模索するが、これは頓挫する。

結局、ＦＤＰの要求が容れられ、アデナウアーは「一九六三年秋」に退任することが決まり、シュトラウス国防相は辞任する。こうしてＦＤＰが再び連立与党に加わり、一九六二年一二月に第五次アデナウアー内閣、つまり最後のアデナウアー内閣が発足した。

アデナウアーに残された時間はあとわずかとなった。新内閣発足時、アデナウアーは自分の最後の仕事として独仏和解を挙げたが、それがうまくいくかは不透明であった。

エリゼ条約とその帰結

すでに一九六二年九月の首脳会談後、独仏提携に関する両国の交渉が進められていた。交渉の最終段階になるとアデナウアーは、当初の予定を覆し、独仏提携を「国際条約」とすることを決定する。条約にすることで、自分の引退後も独仏関係を制度的に維持しようとしたからだが、これにより議会の批准も必要となった。

一九六三年一月二二日、パリのエリゼ宮で独仏友好協力条約が署名された。いまや独仏和解の歴史的シンボルとなった「エリゼ条約」である。

この独仏枢軸形成の動きは、ＮＡＴＯに対する、そしてアメリカの構想に対する挑戦を意味していた。すでにエリゼ条約調印の一週間前の一月一四日、ド・ゴールは、前年一二月にアメリカと「ナッソー協定」（アメリカが潜水艦搭載ミサイル・ポラリスのイギリスへの提供を約したもの）を結んだイギリスのEEC加盟に「ノン」を宣告していた。

アメリカは、エリゼ条約の批准前に、条約を骨抜きにするような修正を求めて、強力な内政干渉を行ってきた。CDU内でもエアハルトらアトランティカーたちは、NATOとEEC路線の重視を求めた。さらに野党SPDはアトランティカー路線に与していた。対してアデナウアーには、もはやこれらの勢力を抑える権力も権威も残っていなかった。

一九六三年五月、連邦議会のアトランティカーたちは、大西洋主義を確認した前文をエリゼ条約に挿入することに成功する。そこでは、アメリカとの友好関係、NATOへの軍事統合、EECを中心としたヨーロッパ統合の強化、そしてイギリスのEEC加盟見込みなど、アトランティカー路線の諸原則が列挙されていた。

結局、エリゼ条約は、国際政治学者の遠藤乾の表現を借りると、「EEC＝NATO体制」の確認、つまり経済統合ではEEC、安全保障に関してはNATOが司ることの確認に終わった。しかし、エリゼ条約は長期的には独仏友好の礎となる。同条約は、定期的な首脳・閣僚協議を定めて両国の政治的な結合を強めたのみならず、青少年交流を促進し、独仏間を社会的にも結びつけることとなったからである。

首相から退く

一九六三年四月二二日、CDU／CSU議員団内での協議により、後継首相はエアハルトに決まった。アデナウアーが望まぬ後継者であったが、もはや彼にそれを拒む力はなかった。ここから秋と明言した首相退任まで、六月にケネディのベルリン訪問、七月にエリゼ条約に基づく最初の独仏首脳協議、八月には部分的核実験禁止条約（PTBT）への対処など、ドイツ政治史上重要な意味をもつ出来事が続いたが、すでに辞任が決まっているアデナウアーは主役とは言いがたかった。

一九六三年一〇月一五日、首相辞任の日が来た。このときアデナウアーは八七歳。連邦議会議長オイゲン・ゲルステンマイアーの四〇分にわたった謝辞にも、背筋を伸ばし、直立不動で耳を傾けていた。そして、首相として最後の議会演説に向かった。

演説の前半は、この一四年間で連邦共和国が達成したこと、つまり経済的再建と国際社会への復帰を誇らしげに述べる一方、「ドイツ問題」がいまだ解決されていないことも強調した。だが同時に彼は、力強くこう述べた。「わたしたちはいまだ再統一を成し遂げておりません。とはいえ、わたしたちがその日が来るまで、注意深く慎重に辛抱強くあるならば、再統一の可能性が開けてくるでしょう。わたしは、その日が到来することを強く確信しております」。

演説の後半は軽やかだった。アデナウアーは、持ち前のユーモアで議場を笑いに包んだ。

演説が終わると、しっかりとした足どりで自分の議員席へと向かった。

エアハルト政権批判

首相辞任直前のインタビューでアデナウアーは、「私の経験は財産」であり、今後も「許される限り、国民のお役にたちたい」と語っていた。実際にアデナウアーは、首相辞任後も政治に執着する。連邦議会議員として活動を続け、CDUの党首職も継続した。選挙戦となれば相当数の演説をこなしたし、各種の会議・会合にも参加した。

この間、アデナウアーの政治策動の大部分が、後継首相エアハルトに対する批判に注がれた。とりわけアデナウアーは、エアハルトが対米関係を重視し、自らが築いたフランスとの関係を損なっていることを非難した。西ドイツにおける「ゴーリスト」と「アトランティカー」の対立は継続しており、アデナウアーは前者に与し、後者を批判し続けたのである。

とはいえ、もはやアデナウアーに権力はなかった。協働者は数多くいたものの、すでにボン中枢の情報や決定策定からは排除されていたし、CDU内でもかつての権威は失われていた。

回顧録の執筆

首相辞任後にアデナウアーが力を注いだ仕事として、回顧録の執筆がある。自分の足跡を記しておこうという意思は一九五〇年代からあり、五五年には自分や家族、友人などへのインタビューに基づいた、アデナウアー自身公認の伝記を出版させていた。そして、今度は自ら回顧録の執筆にとりかかったのである。

資料整理などで執筆を支えたのは、一九五八年から秘書を務めていたアンネリーゼ・ポッピンガであった。彼女は、アデナウアーの死後、遺稿の管理にあたり、またアデナウアーに関する著作を多数出版し、アデナウアー研究には欠かせない存在となる。

回顧録は、まず一九四五年から五三年までを扱った第一巻が一九六五年に（この巻については佐瀬昌盛による達意の邦訳がある）、五三年から五五年を扱った第二巻が六六年に出版された。そして、一九五五年から五九年までを扱った第三巻がアデナウアーの死の直後に出版され、五九年から六三年までを扱った第四巻は未完のまま六八年に出版された。戦前編や資料編の執筆も予定されていたが、それは果たされずに終わっている。

アデナウアーの回顧録は、多くの史資料が用いられ、この時代のヨーロッパ政治や国際政治に興味がある者にはきわめて価値の高いものとなっている。ただし、内政にはあまり触れられず、党内抗争についてはほとんど書かれていない。基本的には外交中心で、自らの外交政策の意図や目的、そしてその正しさを、資料に裏付けるかたちで、ドライな文体で綴っている。アデナウアーにとって回顧録の執筆は、ポッピンガが言うように、「政治をするための新しい道具」だったのであろう。

象徴的な最期

首相を退いてから、アデナウアーは名声ある大政治家として、外国を幾度か訪問している。ド・ゴールのフランスにはほぼ毎年訪れたし、前述のようにイスラエル訪問も一九六六年に果たしている。一九六七年二月のスペインとフランスへの訪問が最後の外国旅行となったが、マドリードでは、米ソの二大国に対してヨーロッパの力の結集を呼びかける演説をしている。

九〇歳を過ぎると、アデナウアーはたびたび体調を崩すようになった。そして一九六七年三月末には心筋梗塞に襲われた（すでに六二年一月に心筋梗塞を起こしていたが、これは伏せられていた）。さらに気管支炎と肺炎も患った。それでもアデナウアーは、医者の安静の指示に従わず、訪問客と面会し、書簡の口述も続けていた。

一九六七年四月一九日水曜日の一三時過ぎ、アデナウアーはレーンドルフの自宅で家族に見守られながら安らかに息を引き取った。

訃報は瞬く間に広まり、ボンには半旗があふれた。連邦大統領ハインリヒ・リュプケはすぐに国葬の準備を命じた。四月二二日、アデナウアーの棺は、彼が首相在任時に利用していたのと同じ道でレーンドルフからボンに移送され、首相官邸のパレ・シャウムブルクに安置された。アデナウアーに最後の別れを告げるために、二日にわたり多くの市民がそこを訪れた。そして二三日の深夜、棺はボンからケルンに移された。

国葬は四月二五日に連邦議会で行われた。国内の要人はもちろん、二二ヵ国の国家元首・首相、一四人の外相、そしてヨーロッパ内外の多くの要人が参列した。そのなかにはド・ゴールやジョンソン米大統領もいた。また、ベン・グリオンやマクミラン、そしてロバートソンやマックロイら、アデナウアーとかつてわたりあった者たちの顔も見える。日本からは岸信介元首相が参列している。

連邦議会の座席は五一八しかなかったので、ふだんアデナウアーが使っていた椅子以外はすべて撤去し、より小さな椅子を一二〇〇ほど敷き詰めねばならなかった。国葬が終わった二時間後、棺が安置されているケルンの大聖堂で葬儀ミサが行われた。司式は、アデナウアーと長く親交のあったケルン大司教ヨーゼフ・フリングス枢機卿（一八八七〜一九七八）が執った。一五時頃にミサが終わり、棺は連邦軍の高速艇に載せられ、英仏蘭の船団に護られながら、レーンドルフへ向けてライン川を遡った。そしてアデナウアーは、親族と親友たちの手で、両親やエマやグッシーたちが眠るレーンドルフのヴァルトフリートホーフに埋葬された。

ドイツの首相の国葬にこれほど多くの外国の要人が集まり、首相の棺が隣国の船団に護送されるなど、二〇年前のドイツ敗戦時には誰が想像できただろうか。アデナウアーの葬儀は、西ドイツが国際社会に復帰したことを、あらためて象徴的に示したのである。

終章　アデナウアー政治の遺産

一九九〇年の東西ドイツ統一とアデナウアー

アデナウアーが死去してから二〇年余りのちの一九九〇年一〇月三日、ついに東西ドイツが統一された。このとき人々はこう問うた。果たして、アデナウアーの「西側結合」あるいは「力の政策」は、ドイツ統一にどれほど貢献したのだろうか、と。

ある者は、生粋のライン分離主義者だったアデナウアーは、プロテスタントが多い東部ドイツを切り捨て、ドイツ統一をここまで遅らせたのだと論難した。またある者は、一九九〇年の平和と自由のなかの統一こそ、アデナウアーの最終的な勝利なのだと主張した。つまり、ようやく「力の政策」の正しさが証明されたというのである。

本書は、この問いに答えるものではない。ドイツ国内でこの問いがきわめて重要な政治的意味を持つことは重々承知しているが、そもそもこれらの論争は党派的な磁場が強過ぎる。

もちろんアデナウアーの「力の政策」は、ある程度ドイツ統一に寄与したのであろう。しかし、ドイツ統一の契機となった東ドイツの崩壊は、ゴルバチョフがソ連指導者として登場するなど、東側の政治力学が決定的に重要だったのである。ことドイツ統一に関しては、アデナウアーの貢献がどうであったかを主張するよりも、長期的要因と短期的要因を組み合わせた、より精緻な実証研究が要求されるという当たり前のことを記しておきたい。

時勢と個性

本書が強調したいのは、アデナウアー政治の歴史的および長期的な意義である。東西ドイツ統一によって、首都の名から「ボン共和国」と呼ばれた西ドイツの歴史は閉じられた。完結したボン共和国の歴史は、ドイツ統一という大団円に向かうサクセス・ストーリーとして描かれることが多い。しかし、統一からすでに四半世紀が過ぎようとしている現在、サクセス・ストーリーから距離をとり、あらためて西ドイツの歴史的位置を見定めていく必要があろう。たとえば、アデナウアーの「西側結合」についても、ドイツ統一との関連だけでなく、その長期的な意義が問われなければならない。

すでに序章で論じたように、本書はアデナウアーを、ドイツの「西欧化」への推進者として位置づけるものである。彼の首相在任期の「アデナウアー時代」(一九四九〜六三年)において、西ドイツ、すなわちドイツ連邦共和国は安定した自由民主主義体制を構築し、西側共同体へと固く結びつく。著名な政治学者・歴史家のアルヌルフ・バーリングが一九六九年に「はじめにアデナウアーありき」と連邦共和国の歴史を要約して以来、このフレーズは幾度となく繰り返され、アデナウアーはまさに建国者の座を占めることとなったのである。

しかし、外交における西側選択と内政における自由民主主義体制の定着は、どこまでアデナウアー個人に帰せられるものなのだろうか。たとえば、西ドイツの「西欧化」は敗戦と占領と冷戦の当然の結果であり、首相がアデナウアーであろうが、たとえば社会民主党（SPD）のシューマッハーであろうが、進路に大差はなかったと論じる者もいる。本書も、西ドイツの「西欧化」が時勢に沿ったものであったことは否定しない。しかし、その「西欧化」の中身を考えたとき、それを規定したのは、やはりアデナウアーという個性であったと言えるだろう。

端的に言ってアデナウアーは、強固な信念と道徳律を備えた政治家であり、それを実現するためには、政敵を叩き潰すことはもちろん、時には政友を裏切ることも、民意を無視することも厭わない、独善的な人物であった。こうしたアデナウアーの個性が、彼の時代における「西側結合」にも、西ドイツ民主主義にも、そしてナチスの「過去」に対する向き合い方にも刻印されることになったのである。

アデナウアーの「西側結合」

アデナウアー時代の「西側結合」政策が、アデナウアーという政治家の個性によるところが大きいことは、あらためてここで論じ直す必要はないだろう。アデナウアーが、すでに戦間期からラインラント問題を通じて独仏和解を模索し、占領期にいち早く「西側結合」を決断した人物であり、西ドイツ建国以来の激しい外交論争のなかで自己の路線を貫徹しようと努めたのは、本書で見てきた通りである。

冷戦の進展を前にして、どのような人物でも、一九四九年に首相に就任したならば、結局は再統一よりも西側との同盟関係を選択した可能性は高い。とはいえ、断固たる反共主義に基づく外交政策、「西側結合」なき再統一の拒絶、そして何よりも独仏和解の進展は、アデナウアーならではのものであった。さらに言えば、一九五〇年代末以降の西ドイツ外交の硬直性は、何よりも首相アデナウアーに起因するのである。

こうしたアデナウアーの「西側結合」路線はドイツ外交史における革命であった。外交史家ヴァルデマール・ベッソンによると、アデナウアーは、「西側結合」を選択することによって、それ以前のビスマルクやシュトレーゼマンに代表されるドイツ外交の「中欧志向的伝統」からの断絶を果たした。そしてこの「西側結合」政策は、建国後二〇年余りを経て、西ドイツの「新しい伝統」として定着したのである。一九七〇年の時点でこう論じたベッソンは、このアデナウアーの「西側結合」という新しい伝統と、中欧路線という「古典的伝統」の総合《ジンテーゼ》を提唱し、当時進行中だったSPDのヴィリー・ブラント首相（在任一九六九～七四）による、東側との関係正常化を目指した「新東方政策《ノイエ・オストポリティーク》」をそうした試みへの第一歩と捉えた。

たしかに、「接近による変化」を掲げたブラントの「新東方政策」は、それまでの硬直した政策を刷新する、西ドイツ外交の大転換であった。しかし、ここで注意したいのは、最新の東方政策研究を著した妹尾哲志が指摘するように、ブラントもつねに西側に配慮しながら東方政策を進めたことである。すでにブラント時代には、政党レベルでも、社会レベルでも、ドイツの「西側結合」路線に異議を唱える者はほとんどいなくなっていた。建国六〇年を機に大部のドイツ連邦共和国史を著した国際関係史家エッカルト・コンツェの表現を借りれば、西ドイツにとって「西側結合」は、個別利害や単なる「国益」を超えた国家の存立基盤そのものに関わる行動準則、すなわち「国家理性」となったのである。

こうして「西側結合」は、東西ドイツ統一後においても、当時危惧されたドイツの「中欧回帰」を許さぬほど、ドイツ連邦共和国を縛ることになった。つまり、再統一されたドイツにも、アデナウアー政治は強く刻印されていたのである。

「宰相民主主義」の功罪

アデナウアー政治のもう一つの意味は、ドイツ連邦共和国に民主主義を定着させたことである。この点に関するアデナウアー個人の重要性は、外交における西側選択と比べると、かなり限定的であり、逆説的ですらある。第Ⅱ章で論じたように、アデナウアーには、個人の尊厳を重視する、彼なりの強固な民主主義観があった。彼も自分を断固たる民主主義者だと思っていた。しかし、アデナウアーを素直に民主主義者と呼ぶことは、やはりためらわれる。

本書で見てきたように、彼は独善的な人物であり、ケルン市長時代から、自分が正しいと思った政策は、周囲が止めようとも構わず進めた。また、猜疑心が強く、多くの閣僚や自党議員も信じなかった。

そして、何より西ドイツ国民の政治能力を信用していなかった。アデナウアーは、しばしば西側諸国との交渉にあたって、「わたしがいなくなったらドイツはどうなることやら、わたしにもわかりません」と漏らしていた。これはもちろん、自分の価値を高めるための脅しの意味合いが強いが、半ば本気でもあっただろう。

逆説的ではあるが、国民をあまり信用しなかったアデナウアーは、一四年にわたる権威主義的な政治指導を通じて、基本法秩序を安定させ、結果的に西ドイツに自由民主主義体制を定着させた。

こうしたアデナウアーの「宰相民主主義」は、西ドイツ国民の民主主義に負の遺産も残した。秩序の安定と経済の復興を最優先したアデナウアーの統治のもと、多くの西ドイツ国民は政治に積極的に関わらず、政策の果実のみを享受したからだ。アデナウアー時代は「おまかせ民主主義」の典型例であり、政治学の世界では、西ドイツ国民は、ナチ時代と同様に政治指導者に従順な「臣民」のままであると診断されたりもした。

こうした政治文化は、一九六〇年代に徐々に払拭されていく。それを示す例はいくつもあるが、象徴的なのは一九六二年のシュピーゲル事件に対する社会レベルの抗議だろう。家父長的なアデナウアーに対し、自分たちの手で政治を動かしていこうという価値観の転換が、世代交代も相まって進んでいた。そして、「臣民」としての親の世代に反発し、より能動的な政治参加を求めて立ち上がったのが、いわゆる「一九六八年」世代の人々だった。SPDと自由民主党（FDP）の連立政権が成立し、首相ブラントが「もっと民主主義を」をスローガンに掲げた一九六九年に、ようやく西ドイツでも、本来の意味での自由民主主義体制が根付いたと言えるのかもしれない。

また、キリスト教民主同盟（CDU）という政党にも、アデナウアーは成功のみならず負の遺産も残した。アデナウアーの内政・外交における業績によって、CDUは綱領や組織の凝集性を欠いていたにもかかわらず、首相を党首とする与党として成功することができた。何より、CDUが超宗派政党を掲げて宗派間対立をある程度克服し、国民政党を掲げて階級間対立を和らげたことは、ドイツ政治史上の大きな成果だろう。

しかし、すでに一九五〇年代後半には、CDUが党としての政策方針や、市民社会の多様な利害を吸い上げる仕組みを十分に備えていないことを露呈しつつあった。アデナウアーの指導力が低下するにつれ、CDUは、再び階層間・宗派間・地域間の対立に悩まされるようになる。また、一九六〇年代のドイツ連邦共和国における価値観の変化や世俗化、世代交代の進行を前に、CDUはキリスト教という看板の意味と党内民主主義の問題に直面せざるをえなくなる。

こうしたなか、アデナウアーが首相を退いてもなお党首にとどまり影響力を行使し続けようとしたことは、結果的に党内改革を遅らせることにつながった。結局、基本綱領の制定や組織基盤の拡充など本格的なCDU党改革は、野党に転落後の一九七〇年代まで待たねばならなかったのである。

アデナウアーとドイツの「過去」

本書を閉じるにあたって、やはり避けて通れないのが、アデナウアー時代におけるナチスの「過去」との取り組みである。

アデナウアーにとってナチ体制の犯罪性は自明であり、それに熱狂した国民にも責任はあると考えていた。戦後、ナチ体制の成立や強制収容所における蛮行に対するカトリック教会の責任が問われていたとき、アデナウアーはボンの司祭に次のような手紙を書いている。

わたしの考えでは、ドイツ国民にも司教や聖職者にも、強制収容所での出来事に対して大きな罪（Schuld）があります。〔…〕大部分のドイツ国民、司教、聖職者たちは、ナチの煽動に同意したのです。彼らはほとんど抵抗なく、それどころか一部は熱狂的に〔…〕強制的同一化に従ったのです。そこに彼らの罪があります。また、たとえ収容所での出来事の全貌を知らなかったとしても、個人の自由やあらゆる法原理が踏みにじられ、強制収容所のなかできわめて残虐なことが行われ、ゲスターポやSSや、部分的にはわたしたちの軍隊までもが、ポーランドやロシアで、前例がないほど残虐なことを住民に対して行ったことを、知っていました。一九三三年と三八年のユダヤ人ポグロムは公然と行われたのです。フランスにおける人質の殺害もわたしたちに公に知らされていました。したがって、ナチ政府や軍司令部が自然法やハーグ条約や人道に根本的に反していたのを大衆は知らなかったなどと主張することは到底できません。もし聖職者たちがみんなで説教壇から公にそれに反対の立場を示していたならば、多くのことを防ぐことができたかもしれません。けれども、そうしたことは起こりませんでした。それゆえ、弁解は成り立ちません。（一九四六年二月二三日）

ここに見られるのは、ナチ体制期のドイツ国民に対する冷徹なまでの断罪である。こうした認識が、たとえばユダヤ人に対する補償政策にも影響を与えたことは疑いない。

しかし一方でアデナウアーは、政治的な判断から、ドイツ国民に対する断罪を公に表明することはなかった。むしろ彼は、ドイツ人の集団的罪責を戦後直後から一貫して否定し続けた。そうしたドイツ国民への断罪が、彼らを再びナショナリズムに走らせるのではないかと恐れたからである。

またアデナウアーは、連合国の非ナチ化政策の「行き過ぎ」にも危惧を抱き、反対した。かつての多くのナチ党員を、反体制側に追いやることなく、新ドイツ国家に統合する必要があったからである。加えて、旧ナチ党員層をCDUに取り込んで自分の権力資源にしようという狙いもあった。要するに、アデナウアーは、この時点での「過去の克服」よりも、社会秩序の安定と、自分の権力固めを優先したと言える。

それゆえ、アデナウアーは一九五〇年代初めに一連の特赦法を制定した。また、有能な人材は活用するという理由から、首相府や閣僚にも、ナチ体制下で活躍した官僚や元ナチ党員を抱え込んでいる。

一九五一年に再建された外務省の指導的官僚の実に七割近くが元ナチ党員であることが明らかとなったとき、アデナウアーは専門家の必要性を訴え、「もうナチの匂いを嗅ぎまわるのはやめにしよう」と訴えた。

結局、あくまでアデナウアーは政治家であった。「過去」に対する道義的判断よりも、社会秩序の安定と、自分の権力基盤の強化を優先したのである。その結果は、西ドイツ国民の「過去の克服」ではなく、「過去の忘却」であった。たしかにこの点で、アデナウアーは批判されてしかるべき存在だろう。

だが、あえて本書が強調したいのは、第Ⅲ章で論じたように、アデナウアーによるイスラエルおよびユダヤ人団体への補償、そしてそれに続く補償法の制定が、ドイツ連邦共和国の補償レジームの基本を整えたということである。その意味で、アデナウアーという人物は、この後に続くドイツの「過去の克服」についても「出発点」の位置を占めているのである。

あとがき

本書は、アデナウアーというドイツ政治史に巨大な足跡を残した人物を、日本の一般の読者に向けて紹介しようとするものである。

基本的には評伝の形式をとったが、第二次世界大戦後の叙述は、しばしばアデナウアー個人を離れてでも、当時の国際環境のなかの西ドイツ政治を描くことを試みた。これは、西ドイツと同様に、敗戦と占領を経て、冷戦下で西側国家として再出発し、アメリカと軍事的な同盟を結びつつ、保守優位のなかで高度経済成長を経験した日本の読者に、比較の対象を提供できればと思ったからである。

それにしても、歴史は、それを書く者の時代や環境に拘束される。わかっていたことではあるが、本書を書き終えたいま、そのことをあらためて痛感している。

たとえば、序章や終章で述べたアデナウアー評価、つまり、ドイツの「西欧化」を推進し、逆説的とは断りつつも、ドイツに自由民主主義を定着させた人物としてアデナウアーを描くのは、きわめて現在的な視座からの評価と言えよう。ここでは、やや蛇足ではあるが、特に本書における二点の「偏り」について釈明しておきたい。

第一に、本書はアデナウアー政治のなかでも外交に多くを割き、とりわけ「西側結合」という側面に力点を置いた。第一次世界大戦後のラインラント分離問題に一節を設け、第二次世界大戦後のキリスト教民主主義者の国際ネットワークに触れたのも、この文脈である。前者は比較的有名な話だが、日本で詳述されたことはないし、後者についてはドイツの伝記でも言及されることは稀であり、本書の特色と言えるだろう。

その反面、「西側結合」と密接に関連するはずの、ドイツ統一をめぐるアデナウアーの「力の政策」については、後景に退いてしまった。概して本書は、ドイツ統一問題についてあまりにドライに綴り過ぎたかもしれない。

これは、私が統一問題ではなく、現在のEUに深く埋め込まれたドイツを消尽点にして本書を書いたからである。いつの日か東西ドイツ統一についても研究したいという野心は抱いているが、そのとき、アデナウアー外交はまた違った形で見えてくるのかもしれない（なお、第二次世界大戦後から現在までのドイツとヨーロッパ統合の関係を素描したものとして、近刊の西田慎・近藤正基編『ドイツ政治』〈ミネルヴァ書房〉所収の拙稿「EUとドイツ」を参照されたい）。

第二に、本書はアデナウアーを、ドイツの戦後補償レジームを整えた人物であり、その意味でドイツの「過去の克服」の出発点に位置する人物であるとした。この部分は、ドイツの「過去の克服」に関心が高い日本の読者を意識して書いたものである。結果として、アデナウアーの九一年の生涯を二〇〇ページ程度にまとめるにあたり、二〇ページ弱を対イスラエル「和解」に費やすことになった。

本文でも述べたように、アデナウアー時代は「過去の克服」については基本的に不作為の時代であり、アデナウアーはむしろ「過去の忘却」を推し進めた政治家として批判の対象であった。しばしばドイツの「過去の克服」は日本にとってのモデルと見なされるが、その際の「モデル・ドイツ」は、ブラント政権以降のドイツ連邦共和国である。

しかし、ドイツの「過去の克服」は、ドイツの戦後史全体を通じて、複雑な国際・国内政治が絡み合いつつ、道義と権力政治がせめぎ合うなかで、一進一退しながら積み重ねられてきたものである。ブラント政権以降の「過去の克服」も、アデナウアーによる補償レジームの基盤整備と「西側結合」があって初めて成し遂げられたものである点を、あえて指摘しておきたい（西ドイツとイスラエルの「和解」についてより詳しく論じたものとして、松尾秀哉・臼井陽一郎編『紛争と和解の政治学』〈ナカニシヤ出版、二〇一三年〉所収の拙稿「ドイツとイスラエルの『接近と和解』――ルクセンブルク補償協定への道、一九四九～一九五三」を参照いただければ幸いである）。

そして、アデナウアーのイスラエル・ユダヤ人団体への補償政策を調べているとき、何よりも日本政治の憂鬱な現状が、つねに私の頭のなかにあったことは否定のしようがない。自国民のナショナリズムを煽り、あるいはそれに迎合し、国際社会における日本の立場を毀損していく自称「保守」の現代日本の政治家にうんざりするあまり、世論や自党にも抗して、「外圧」をうまく利用しながら、国際社会復帰のために粛々と補償を進める「保守」のアデナウアーに畏敬の念すら禁じえないときまであったことは告白しなければならない。これは、政治史研究者としては失格の、時代も国際環境も無視した稚拙な所感だが、そう思ってしまったのだから仕方がない。

ともあれ、戦後ドイツ政治史は、同じく「戦後」という重要な課題を抱える日本に住むわたしたちにとって、「戦後」を考えるヒントを与え続けてくれることは疑いない。本書が、願わくはそのきっかけの一つとなってくれればと思う。

＊

本書は、私自身のこれまでのヨーロッパ政治史研究の延長線上にある。そもそもアデナウアーへの関心は、大学院の博士課程に在籍していた頃に芽生えた。当時私は、博士論文で「中欧《ミッテルオイローパ》」という地域概念を鍵に、近代ドイツの自己意識を探ろうとしていた。「ヨーロッパの中心ドイツ」、「東西の狭間のドイツ」、そうしたスローガンばかり資料で見続けていた私にとって、アデナウアーの「西側結合」路線というのは、かなり特異なものに思えたのである。セバスチャン・ハフナーは、『ヒトラーとは何か』のなかで、「ヒトラーのような人物はドイツの伝統にはまったくみられない」と述べ、ヒトラーを「突然外から舞い込んできた」「ドイツ史の例外」と論じている。しかし当時の私は、誰よりもアデナウアーという人物に「ドイツ史の例外」を見たのである。私にとってアデナウアーへの関心は、「中欧」にこだわり続けた近代ドイツへの関心と表裏一体だった。

こうして大学院生の頃から、暇になるとアデナウアーの回顧録や演説集を読み齧ってはいた。しかし二〇〇七年末に博士論文をまとめた後でも、なかなかアデナウアー自体を研究する気は起きなかった。ドイツにおける先行研究の分厚さにたじろいだからである。とても私では独創的な研究ができそうにない。さらに、ドイツのアデナウアー研究に漂う「敷居の高さ」も私を気後れさせた。それでも、他の研究を進めつつ、アデナウアー関連の資料を少しずつ収集し、ノートをとる作業は続けていた。また、アデナウアー自体を直接の対象とはしないものの、「アデナウアー時代」に関する論文をいくつか著すようになった。

そうしたなか、アデナウアーと正面から向き合うきっかけを与えてくださったのは、君塚直隆先生である。二〇一一年一月のある会合で、評伝の名手である君塚先生から「板橋さんが伝記を書くとしたら、誰について書きますか」と尋ねられたとき、私は迷わずアデナウアーと答えた。とはいえ、このときは実際に自分が伝記を書くことになろうとは思ってもいなかった。しかし、君塚先生の行動は迅速だった。さっそく中公新書の白戸直人さんに私をご紹介くださり、あれよあれよという間に新書出版の話にまで進んでしまった。

本書ができあがるまでには、実に多くの方々に支えられた。紙幅の都合上、とてもすべての方のお名前を挙げることはできないが、とりわけ以下の方々に御礼を申し上げたい。

まず、本書の産みの親である君塚先生と白戸さんに厚く御礼申し上げたい。特に白戸さんは、伝記も初めてならば一般書も初めて執筆する私を一から導いてくださった。白戸さんとの対話のなかから生まれたアイデアも多い。本書が少しでも読みやすいものになっているとすれば、それは白戸さんのお陰である。

また、学部学生時代からご指導いただいている遠藤乾先生にも、あらためて御礼を申し上げたい。私が本書執筆に挫けそうになっているとき、先生はいつも絶妙のタイミングで叱咤激励くださった。

川嶋周一さんと妹尾哲志さんには、本書の草稿に目を通していただいた。お二人から頂戴した鋭いコメントと温かい励ましは貴重なものであった。記して感謝申し上げる次第である。

成蹊大学法学部の先生方にも感謝したい。大学をめぐる状況が日々厳しくなるなか、何より「学問」を大切にする方々と同僚になれたことは幸運であった。また、先生方のご配慮により、本書執筆に集中することができた。

本書の基となる研究活動においては、科学研究費補助金や成蹊大学アジア太平洋研究センターの研究助成金を受け取ることができた。これらの支援のお陰で、数度にわたるドイツへの調査旅行が可能となった。記して感謝申し上げたい。

私事で恐縮だが、家族や友人にも感謝したい。二〇〇四年末にベルリンで最初の発作に襲われて以来、私はずっと目眩に悩まされ続け、ときには社会的生活も儘ならないこともある。それでも研究を続けてこられたのは、両親をはじめとする家族や友人の支えがあるからである。特に妻の佐藤陽子への感謝は尽きない。初めてレーンドルフを訪問したときも、ふらつく私をアデナウアー邸まで引っ張っていってくれたのは彼女であった。自分の研究もあるだろうに、私の研究に随分とつき合わせてしまった。おそらく彼女は望まずして日本一アデナウアーに詳しい刑法学者となってしまったに違いない。日ごろは伝えていない感謝をここに記したい。

さて、前著『中欧の模索』のあとがきで、私は自分の大きな研究関心が「ドイツのナショナル・アイデンティティの彷徨を探求する」ことにあると記した。この探求のためには、本書を読まれた方にはおわかりの通り、アデナウアーは避けては通れない巨人だったと言える。

もとより本書は概説書であり、歴史や政治に関心を持つ一般の方々を読者に想定して書かれた。とはいえ、同時に研究者の方々にも満足してもらえるよう、なるべく史料に即し、かつ最新の研究成果をふまえることに努めたつもりである。率直なご意見・ご批判をいただければ幸甚である。

最後に。本書は、私の恩師であり、本年三月で大学を定年退職される田口晃先生にささげられる。私が現在、研究者として何とかやっていけているのも、先生のお陰である。文字通り「不肖の弟子」による拙い書ではあるが、先生の長きにわたる教育活動の副産物のひとつとして受け取っていただけるならば幸いである。

二〇一四年三月

板橋拓己

立、1954-1957」『法学研究』(慶應義塾大学)第84巻1号、2011年、471-498頁
川嶋周一『独仏関係と戦後ヨーロッパ国際秩序――ドゴール外交とヨーロッパの構築 1958-1969』創文社、2007年
金孔山「『アデナウアー時代』に関する一考察――エアハルト政権誕生との関連を中心に」(一)(二・完)『広島法学』第24巻4号、2001年、139-159頁/第25巻1号、2001年、53-73頁
倉科一希『アイゼンハワー政権と西ドイツ――同盟政策としての東西軍備管理交渉』ミネルヴァ書房、2008年
クレスマン、クリストフ『戦後ドイツ史 1945-1955――二重の建国』石田勇治・木戸衛一訳、未来社、1995年
小嶋栄一『アデナウアーとドイツ統一』早稲田大学出版部、2001年
近藤正基『ドイツ・キリスト教民主同盟の軌跡――国民政党と戦後政治 1945～2009』ミネルヴァ書房、2013年
妹尾哲志『戦後西ドイツ外交の分水嶺――東方政策と分断克服の戦略、1963～1975年』晃洋書房、2011年
爲政雅代「新たな日独関係の模索?――西ドイツ首相アデナウアーの日本訪問1960年」『社会科学』(同志社大学)第98号、2013年、77-96頁
野田昌吾『ドイツ戦後政治経済秩序の形成』有斐閣、1998年
平島健司『ドイツ現代政治』東京大学出版会、1994年
細谷雄一『外交による平和――アンソニー・イーデンと20世紀の国際政治』有斐閣、2005年
益田実・小川浩之(編)『欧米政治外交史 1871～2012』ミネルヴァ書房、2013年
三宅正樹『日独政治外交史研究』河出書房新社、1996年
森井裕一『現代ドイツの外交と政治』信山社、2008年
山口定「西ドイツにおけるデモクラシーの再建――戦前・戦後の連続・非連続問題を中心に」犬童一男・山口定・馬場康雄・高橋進(編)『戦後デモクラシーの成立』岩波書店、1988年、1-60頁

主要図版出典一覧

Bundesarchiv, B 145 Bild-F078072-0004 / Katherine Young / CC-BY-SA iii

Stiftung Bundeskanzler-Adenauer-Haus, *Konrad Adenauer. Dokumente aus vier Epochen deutscher Geschichte. Das Buch zur Ausstellung*, Rhöndorf, 1997.
19,21,39,53,61,100,147,162,168

Köhler, Henning, *Adenauer. Eine politische Biographie*, Berlin / Frankfurt a.M.: Propyläen, 1994. 45,173,183

アフロ 197

Besson, Waldemar, *Die Außenpolitik der Bundesrepublik. Erfahrungen und Maßstäbe*, München: Piper, 1970.
Conze, Eckart, *Die Suche nach Sicherheit. Eine Geschichte der Bundesrepublik Deutschland von 1949 bis in die Gegenwart*, München: Siedler, 2009.
Hacke, Christian, *Die Außenpolitik der Bundesrepublik Deutschland von Konrad Adenauer bis Gerhard Schröder*, München: Ullstein, 2003.
Haftendorn, Helga, *Deutsche Außenpolitik zwischen Selbstbeschränkung und Selbstbehauptung 1945-2000*, Stuttgart: Deutsche Verlags-Anstalt, 2001.
Hildebrand, Klaus, *Integration und Souveränität. Die Aussenpolitik der Bundesrepublik Deutschland, 1949-1982*, Bonn: Bouvier, 1991.
Lappenküper, Ulrich, *Die Aussenpolitik der Bundesrepublik Deutschland 1949 bis 1990*, München: R. Oldenbourg, 2008.
Schöllgen, Gregor, *Deutsche Außenpolitik. Von 1945 bis zur Gegenwart*, München: C.H. Beck, 2013.

† 日本語文献

青野利彦『「危機の年」の冷戦と同盟――ベルリン、キューバ、デタント 1961～63 年』有斐閣、2012 年
石田憲『敗戦から憲法へ――日独伊 憲法制定の比較政治史』岩波書店、2009 年
石田勇治『過去の克服――ヒトラー後のドイツ』白水社、2002 年
岩間陽子『ドイツ再軍備』中公叢書、1993 年
ヴォルフゾーン、ミヒャエル『ホロコーストの罪と罰――ドイツ・イスラエル関係史』雪山伸一訳、講談社現代新書、1995 年
遠藤乾（編）『ヨーロッパ統合史』名古屋大学出版会、2008 年
遠藤乾（編）『原典ヨーロッパ統合史――史料と解説』名古屋大学出版会、2008 年
遠藤乾・板橋拓己（編）『複数のヨーロッパ――欧州統合史のフロンティア』北海道大学出版会、2011 年
大嶽秀夫『アデナウアーと吉田茂』中公叢書、1986 年
大嶽秀夫『二つの戦後・ドイツと日本』日本放送出版協会（NHK ブックス）、1992 年
尾崎修治「ラインラント共和国運動 1918-1919 とその背景」『史学雑誌』第 104 編 10 号、1995 年、72-92 頁
金子新「西ドイツ再軍備問題とシューマン・プラン――アデナウアーの西側統合の起源、1949 年～ 51 年」『法学政治学論究』（慶應義塾大学）第 59 号、2003 年、259-291 頁
金子新「西ドイツの建国とルール国際管理――アデナウアー外交の起源（1948-1949 年）」『敬愛大学国際研究』第 14 号、2004 年、1-30 頁
金子新「アデナウアーのドイツ統一政策とスターリン・ノート――1950-52 年」『敬愛大学国際研究』第 18 号、2006 年、153-183 頁
金子新「ドイツ統一と『欧州＝大西洋共同体』1953 年～ 1955 年」日本 EU 学会（編）『欧州統合の課題と行方』（「日本 EU 学会年報」第 27 号）有斐閣、2007 年、191-207 頁
金子新「西ドイツと EEC ／ EURATOM の形成――「欧州」と「大西洋」の路線対

Schlemmer, Martin, *"Los von Berlin." Die Rheinstaatbestrebungen nach dem Ersten Weltkrieg*, Köln u.a.: Böhlau, 2007.

Schlie, Ulrich (Hg.), *Horst Osterheld und seine Zeit (1919-1998)*, Wien u.a.: Böhlau, 2006.

Schwartz, Thomas A., *America's Germany: John J. McCloy and the Federal Republic of Germany*, Cambridge, Mass.: Harvard University Press, 1991.

Schwarz, Hans-Peter, "Adenauer und Europa," *Vierteljahrshefte für Zeitgeschichte*, 27 (4), 1979, S. 471-523.

Stehkämper, Hugo (Hg.), *Konrad Adenauer. Oberbürgermeister von Köln*, Köln: Stadt Köln, Historisches Archiv, 1976.

Weidenfeld, Werner, *Konrad Adenauer und Europa. Die geistigen Grundlagen der westeuropäischen Integrationspolitik des ersten Bonner Bundeskanzlers*, Bonn: Europa Union Verlag, 1976.

Wettig, Gerhard, "Die Entlassung der Kriegsgefangenen aus der Sowjetunion 1955 - Folge der Verhandlungen mit Adenauer? Untersuchung auf der Basis neuer Archivdokumente," *Historisch-Politische Mitteilungen*, Heft 14, 2007, S. 341-352.

※上記以外にアデナウアー研究に欠かせない文献として、「レーンドルフ討論(Rhöndorfer Gespräche)」という叢書がある。これは、1969年から連邦首相アデナウアー邸財団が主催している「レーンドルフ討論」というコロキウムの記録集である。このコロキウムは、歴史家や政治家や同時代人が集い、アデナウアーに関するある特定のテーマをめぐって研究報告と討論を行うものである。1978年から出版が始まり、2013年現在で25巻が刊行されている(5巻まではStuttgartのBelser社刊。6巻以降はBonnのBouvier社刊)。また、連邦首相アデナウアー邸財団は、「レーンドルフ・ノート(Rhöndorfer Hefte)」という一般向けの小冊子も刊行している。こちらは1996年から刊行が始まり、現在のところ12冊が出ている。

†占領期から「アデナウアー時代」までのドイツに関する基本文献

Eschenburg, Theodor, *Jahre der Besatzung 1945-1949*, Stuttgart: Deutsche Verlags-Anstalt, 1983.

Geppert, Dominik, *Die Ära Adenauer*, 2. Aufl., Darmstadt: Wissenschaftliche Buchgesellschaft, 2007.

Morsey, Rudolf, *Die Bundesrepublik Deutschland. Entstehung und Entwicklung bis 1969*, 5. Aufl., München: R. Oldenbourg, 2007.

Schwarz, Hans-Peter, *Die Ära Adenauer: Gründerjahre der Republik, 1949-1957*, Stuttgart: Deutsche Verlags-Anstalt, 1981.

Schwarz, Hans-Peter, *Die Ära Adenauer: Epochenwechsel, 1957-1963*, Stuttgart: Deutsche Verlags-Anstalt, 1983.

Sontheimer, Kurt, *Die Adenauer-Ära. Grundlegung der Bundesrepublik*, 4. Aufl., München: Deutscher Taschenbuch Verlag, 2005 (zuerst 1991).

†西ドイツ外交史の基本文献

the West, 1949-1966, New York / Oxford: Berghahn, 2003.

Hansen, Niels, *Aus dem Schatten der Katastrophe. Die deutsch-israelischen Beziehungen in der Ära Konrad Adenauer und David Ben Gurion*, 2. Aufl., Düsseldorf: Droste, 2004.

Jelinek, Yeshayahu A., *Deutschland und Israel 1945-1965. Ein neurotisches Verhältnis*, München: R. Oldenbourg, 2003.

Jena, Kai von, "Versöhnung mit Israel? Die deutsch-israelischen Verhandlungen bis zum Wiedergutmachungsabkommen von 1952," *Vierteljahrshefte für Zeitgeschichte*, 34 (4), 1986, S. 457-480.

Kilian, Werner, *Adenauers Reise nach Moskau*, Freiburg i.B.: Herder, 2005.

Koch, Dorothea, und Wolfgang Koch, *Konrad Adenauer. Der Katholik und sein Europa*, Aachen: MM Verlag, 2013.

Koerfer, Daniel, *Kampf ums Kanzleramt. Erhard und Adenauer*, 2. Aufl., Stuttgart: Deutsche Verlags-Anstalt, 1988.

Köhler, Henning, *Adenauer und die rheinische Republik. Der erste Anlauf 1918-1924*, Opladen: Westdeutscher Verlag, 1986.

Kohl, Helmut (Hg.), *Konrad Adenauer 1876-1967*, 2., erw. Aufl., Stuttgart: Belser, 1976.

Küsters, Hanns Jürgen, "Adenauers Europapolitik in der Gründungsphase der Europäischen Wirtschaftsgemeinschaft," *Vierteljahrshefte für Zeitgeschichte*, 31 (4), 1983, S. 646-673.

Langguth, Gerd (Hg.), *Macht bedeutet Verantwortung. Adenauers Weichenstellungen für die heutige Politik*, Köln: Wissenschaft und Politik, 1994.

Loth, Wilfried, "Konrad Adenauer und die europäische Einigung," in: Mareike König u. Matthias Schulz (Hg.), *Die Bundesrepublik Deutschland und die europäische Einigung 1949-2000*, Wiesbaden: Franz Steiner, 2004, S. 39-59.

Loth, Wilfried (ed.), *Europe, Cold War and Coexistence 1953-1965*, London: Frank Cass, 2004.

Maulucci, Jr., Thomas W., *Adenauer's Foreign Office: West German Diplomacy in the Shadow of the Third Reich*, DeKalb: Northern Illinois University Press, 2012.

Mayer, Frank A., *Adenauer and Kennedy: A Study in German-American Relations, 1961-1963*, Basingstoke: Macmillan, 1996.

Mensing, Hans Peter, *Aus Adenauers Nachlass. Beiträge zur Biographie und Politik des ersten Bundeskanzlers*, Köln: SH-Verlag, 2007.

Morsey, Rudolf, und Konrad Repgen (Hg.), *Adenauer Studien*, 4 Bde., Mainz: Matthias-Grünewald, 1971-1977.

Poppinga, Anneliese, *Konrad Adenauer. Geschichtsverständnis, Weltanschauung und politische Praxis*, Stuttgart: Deutsche Verlags-Anstalt, 1975.

Ramscheid, Birgit, *Herbert Blankenhorn (1904-1991). Adenauers außenpolitischer Berater*, Düsseldorf: Droste, 2006.

Rödder, Andreas, "Der Mythos von der frühen Westbindung. Konrad Adenauer und Stresemanns Außenpolitik," *Vierteljahrshefte für Zeitgeschichte*, 41 (4), 1993, S. 543-573.

Osterheld, Horst, *Konrad Adenauer. Ein Charakterbild*, Bonn: Eichholz, 1973.
Osterheld, Horst, *Konrad Adenauer. Eine biographische Studie*, Sonderdruck für die Stiftung Bundeskanzler-Adenauer-Haus aus Hans Klein (Hg.), *Die Bundeskanzler*, 3. Aufl., Berlin: Edition q, 1995.
Recker, Marie-Luise, *Konrad Adenauer. Leben und Politik*, München: C.H. Beck, 2010.
Schwarz, Hans-Peter, *Adenauer. Der Aufstieg: 1876-1952*, Stuttgart: Deutsche Verlags-Anstalt, 1986.
Schwarz, Hans-Peter, *Adenauer. Der Staatsmann: 1952-1967*, Stuttgart: Deutsche Verlags-Anstalt, 1991.
Schwarz, Hans-Peter, *Anmerkungen zu Adenauer*, München: Deutsche Verlags-Anstalt, 2004.
Sternburg, Wilhelm von, *Adenauer. Eine deutsche Legende. Biographie*, 2. Aufl., Berlin: Aufbau Taschenbuch, 2005（zuerst 2001）.
Uexküll, Gösta v., *Konrad Adenauer mit Selbstzeugnissen und Bilddokumenten*, 11. Aufl., Reinbek bei Hamburg: Rowohlt, 2009（zuerst 1976）（福田博行訳『アデナウアーの生涯――その人と業績』近代文藝社、1994 年）.
Weymar, Paul, *Konrad Adenauer. Die autorisierte Biographie*, München: Kindler, 1955.
Williams, Charles, *Adenauer: The Father of the New Germany*, London: Little, Brown, 2000.

†主要なアデナウアー研究文献（本書執筆にあたってとくに参照したものに限る）
Baring, Arnulf, *Im Anfang war Adenauer. Die Entstehung der Kanzlerdemokratie*, 3. Aufl., München: Deutscher Taschenbuch Verlag, 1984（zuerst 1969）.
Bösch, Frank, *Die Adenauer-CDU. Gründung, Aufstieg und Krise einer Erfolgspartei 1945-1969*, Stuttgart: Deutsche Verlags-Anstalt, 2001（書評として、野田昌吾・金孔山「F・ベッシュ『アデナウアー CDU』」『大阪市立大学法学雑誌』第 51 巻 1 号、2004 年、235-249 頁）.
Brady, Steven J., *Eisenhower and Adenauer: Alliance Maintenance under Pressure, 1953-1960*, Lanham, Md.: Lexington Books, 2010.
Doering-Manteuffel, Anselm, "Rheinischer Katholik im Kalten Krieg. Das "Christliche Europa" in der Weltsicht Konrad Adenauers," in: Martin Greschat und Wilfried Loth（Hg.）, *Die Christen und die Entstehung der Europäischen Gemeinschaft*, Stuttgart: W. Kohlhammer, 1994, S. 237-246.
Erdmann, Karl Dietrich, *Adenauer in der Rheinlandpolitik nach dem Ersten Weltkrieg*, Stuttgart: Ernst Klett, 1966.
Foschepoth, Josef（Hg.）, *Adenauer und die deutsche Frage*, 2. Aufl., Göttingen: Vandenhoeck&Ruprecht, 1990.
Geiger, Tim, "Konrad Adenauer e l' Europa," in: Eckart Conze, Gustavo Corni, Paolo Pombeni（A cura di）, *Alcide De Gasperi: un percorso europeo*, Bologna: Il mulino, 2005, pp. 231-261.
Granieri, Ronald J., *The Ambivalent Alliance. Konrad Adenauer, the CDU/CSU, and*

Die CDU/CSU-Fraktion im Deutschen Bundestag. Sitzungsprotokolle, 1949-1953; 1953-1957; 1957-1961; 1961-1966, bearb. von Helge Heidemeyer, hg. von der Kommission für Geschichte des Parlamentarismus und der politischen Parteien sowie dem Archiv für Christlich-Demokratische Politik der Konrad-Adenauer-Stiftung, Düsseldorf: Droste, 1998-2004.

†周辺人物の日記・書簡・回想

Blankenhorn, Herbert, *Verständnis und Verständigung. Blätter eines politischen Tagebuchs 1949 bis 1979*, Frankfurt a.M. u.a.: Propyläen, 1980.

Carstens, Karl, *Erinnerungen und Erfahrungen*, hg. von Kai von Jena und Reinhard Schmoeckel, Boppard am Rhein: H. Boldt, 1993.

Grewe, Wilhelm G., *Rückblenden 1976-1951. Aufzeichnungen eines Augenzeugen deutscher Außenpolitik von Adenauer bis Schmidt,* Frankfurt a.M.: Propyläen, 1979.

Herre, Franz, *A wie Adenauer. Erinnerungen an die Anfänge der Bonner Republik*, Stuttgart: Deutsche Verlags-Anstalt, 1997.

Konrad Adenauer und seine Zeit. Politik und Persönlichkeit des ersten Bundeskanzlers, Bd.1: Beiträge von Weg- und Zeitgenossen, hg. von Dieter Blumenwitz et al., Stuttgart: Deutsche Verlags-Anstalt, 1976.

Krone, Heinrich, *Tagebücher*, 2 Bde., bearb. von Hans-Otto Kleinmann, Düsseldorf: Droste, 1995/2003.

Kusterer, Hermann, *Der Kanzler und der General*, Stuttgart: Klett-Cotta, 2002.

Lenz, Otto, *Im Zentrum der Macht. Das Tagebuch von Staatssekretär Lenz 1951-1953*, bearb. von Klaus Gotto, Hans-Otto Kleinmann und Reinhard Schreiner, Düsseldorf: Droste, 1989.

Osterheld, Horst, *"Ich gehe nicht leichten Herzens." Adenauers letzte Kanzlerjahre - ein dokumentarischer Bericht*, Mainz: Grünewald, 1986.

Poppinga, Anneliese, *Meine Erinnerungen an Konrad Adenauer*, Stuttgart: Deutsche Verlags-Anstalt, 1970.

Poppinga, Anneliese, *"Das Wichtigste ist der Mut": Konrad Adenauer - die letzten fünf Kanzlerjahre*, Bergisch Gladbach: G. Lübbe, 1994.

Poppinga, Anneliese, *Adenauers letzte Tage. Die Erinnerungen seiner engsten Mitarbeiterin*, Stuttgart / Leipzig: Hohenheim, 2009.

†主要な伝記

Guillaume, Sylvie, *Konrad Adenauer*, Paris: Ellipses, 2007.

Irving, Ronald, *Adenauer*, London: Longman, 2002.

Koch, Peter, *Konrad Adenauer. Eine politische Biographie*, Reinbek bei Hamburg: Rowohlt, 1985.

Köhler, Henning, *Adenauer. Eine politische Biographie*, Berlin / Frankfurt a.M.: Propyläen, 1994.

Legoll, Paul, *Konrad Adenauer (1876-1967): Chancelier allemand et promoteur de l'Europe*, Paris: L' Harmattan, 2007.

参考文献

† 上記以外のアデナウアーの一次史料集

Adenauer, Konrad, *Briefe über Deutschland 1945-1955*, ausgewählt und eingeleitet von Hans Peter Mensing, München: Goldmann, 1999.

Freundschaft in schwerer Zeit. Die Briefe Konrad Adenauers an Dora Pferdmenges 1933-1949, bearb. von Hans Peter Mensing und Ursula Raths, Bonn: Bouvier, 2007.

Konrad Adenauer 1917-1933. Dokumente aus den Kölner Jahren, hg. von Günther Schulz, im Auftrag der Stiftung Bundeskanzler-Adenauer-Haus, Köln: SH-Verlag, 2007.

Konrad Adenauer im Briefwechsel mit Flüchtlingen und Vertriebenen, hg. von Hans Peter Mensing, Bonn: Kulturstiftung der Deutschen Vertriebenen, 1999.

† 政府系刊行史料集

Adenauer und die Hohen Kommissare, 2 Bde., hg. von Hans-Peter Schwarz in Verbindung mit Reiner Pommerin, bearb. von Frank-Lothar Kroll u. Manfred Nebelin, München: R. Oldenbourg, 1989/90.

Akten zur Auswärtigen Politik der Bundesrepublik Deutschland, 1949/50; 1951; 1952; 1953（2 Bde.）；1962（3 Bde.）；1963（3 Bde.）, München: R. Oldenbourg, 1994-2010.

Aussenpolitik der Bundesrepublik Deutschland: Dokumente von 1949 bis 1994, Köln: Wissenschaft und Politik, 1995.

Die Kabinettsprotokolle der Bundesregierung, Bde.1-16, 1985-2006.

Der Parlamentarische Rat 1948-1949. Akten und Protokolle, 14 Bde., 1975-2009.

Dokumente zur Deutschlandpolitik.

Verhandlungen des Deutschen Bundestages. Stenographische Berichte.

† キリスト教民主同盟関係史料集

Konrad Adenauer und die CDU der britischen Besatzungszone 1946-1949. Dokumente zur Gründungsgeschichte der CDU Deutschlands, bearb. von Helmuth Pütz, hg. von der Konrad-Adenauer-Stiftung, Bonn: Eichholz, 1975.

Die CDU/CSU im Frankfurter Wirtschaftsrat. Protokolle der Unionsfraktion 1947-1949, bearb. von Rainer Salzmann, Düsseldorf: Droste, 1988.

Die CDU/CSU im Parlamentarischen Rat. Sitzungsprotokolle der Unionsfraktion, eingeleitet und bearbeitet von Rainer Salzmann, Stuttgart: Klett-Cotta, 1981.

Die Unionsparteien 1946-1950. Protokolle der Arbeitsgemeinschaft der CDU/CSU Deutschlands und der Konferenzen der Landesvorsitzenden, bearb. von Brigitte Kaff, Düsseldorf: Droste, 1991.

Die Protokolle des CDU-Bundesvorstandes, 1950-53（*Adenauer: "Es mußte alles neu gemacht werden."*）；1953-1957（*Adenauer: "Wir haben wirklich etwas geschaffen."*）；1957-1961（*Adenauer: "... um den Frieden zu gewinnen."*）；1961-1965（*Adenauer: "Stetigkeit in der Politik."*）, bearb. von Günter Buchstab, Stuttgart: Klett-Cotta（Bd. 1）；Düsseldorf: Droste（Bd. 2-4）, 1986-1998.

参考文献

アデナウアー関連史料はさまざまな機関・文書館に収められている。文書館一覧と所蔵史料の概要については、連邦首相アデナウアー邸財団（Stiftung Bundeskanzler-Adenauer-Haus）のサイト（http://www.adenauerhaus.de/）の“Archiv”の欄を参照されたい。また、コンラート・アデナウアー財団（Konrad Adenauer Stiftung）が管理するウェブサイト「Konrad Adenauer 1876-1967」（http://www.konrad-adenauer.de/）はきわめて充実しており、基本情報から貴重な史料まで閲覧することが可能である。

†回顧録

Adenauer, Konrad, *Erinnerungen*, 4 Bde.: 1945-1953; 1953-1955; 1955-1959; 1959-1963 Fragmente, Stuttgart: Deutsche Verlags-Anstalt, 1965-1968（第一巻の邦訳として、佐瀬昌盛訳『アデナウアー回顧録』I・II、河出書房、1968年）.

†演説集

Adenauer, Konrad, *Reden 1917-1967. Eine Auswahl*, hg. von Hans-Peter Schwarz, Stuttgart: Deutsche Verlags-Anstalt, 1975.

Adenauer, Konrad, *"Die Demokratie ist für uns eine Weltanschauung." Reden und Gespräche (1946-1967)*, Im Auftrag der Konrad-Adenauer-Stiftung e.V., hg. von Felix Becker, Köln u.a.: Böhlau, 1998.

†アデナウアー・レーンドルフ集（Adenauer Rhöndorfer Ausgabe）：連邦首相アデナウアー邸財団が公刊を続けている一次史料集。書簡集を中心に2013年現在で19冊が刊行。ルドルフ・モルザイとハンス＝ペーター・シュヴァルツが全体の編集を担う。

Briefe, 9 Bde.: 1945-1947; 1947-1949; 1949-1951; 1951-1953; 1953-1955; 1955-1957; 1957-1959; 1959-1961; 1961-1963, bearb. von Hans Peter Mensing, Berlin: Siedler（Bd. 1-6）; Paderborn: F. Schöningh（Bd. 7-9）, 1983-2006.

Teegespräche, 4 Bde.: 1950-1954; 1955-1958; 1959-1961; 1961-1963, bearb. von Hanns Jürgen Küsters（Bd. 1-3）; Hans Peter Mensing（Bd. 4）, Berlin: Siedler, 1984-1992.

Adenauer im Dritten Reich, bearb. von Hans Peter Mensing, Berlin: Siedler, 1991.

Adenauer. Die letzten Lebensjahre 1963-1967. Briefe und Aufzeichnungen, Gespräche, Interviews und Reden, 2. Bde., bearb. von Hans Peter Mensing, Paderborn: F. Schöningh, 2009.

Heuss-Adenauer. Unserem Vaterlande zugute. Der Briefwechsel 1948-1963, bearb. von Hans Peter Mensing, Berlin: Siedler, 1989.

Adenauer-Heuss. Unter vier Augen. Gespräche aus den Gründerjahren 1949-1959, bearb. von Hans Peter Mensing, Berlin: Siedler, 1997.

Adenauer und die FDP, bearb. von Holger Löttel, Paderborn: F. Schöningh, 2013.

1963年（87）1月22日，エリゼ条約調印．4月22日，CDU/CSU議員団，アデナウアーの後継首相候補にエアハルトを指名．5月16日，連邦議会，エリゼ条約批准．6月23～26日，ケネディ訪独．10月15日，首相辞任．10月16日，エアハルトが新首相に選出
1964年（88）3月16日，CDU党首に再選．11月9日，ド・ゴールによるパリ招待
1965年（89）9月19日，連邦議会議員に5度目の再選
1966年（90）3月23日，CDU党首の座をエアハルトに譲る．3月23日，パリ訪問．5月2～10日，イスラエル訪問
1967年（91）2月14～19日，スペインとフランスを訪問，最後の外国旅行に．4月19日，レーンドルフで死去．4月25日，国葬

定発効，西ドイツ主権回復．5月7日，西ドイツ，WEUに加盟．5月9日，西ドイツ，NATO加盟．6月1～3日，ECSC6ヵ国外相，メッシーナで会議．6月6日，連邦国防省発足．6月7日，フォン・ブレンターノに外相交替．7月18～23日，ジュネーヴで米英仏ソ首脳会談．9月8～14日，モスクワ訪問，ソ連との外交関係樹立，抑留者解放へ．10月23日，ザールで住民投票，66.7％がザール独立に反対

1956年（80）1月19日，モネのヨーロッパ合衆国行動委員会，ユーラトムへ向けた共同声明発表．4月21日，スパーク報告．10月27日，ザールラントに関する独仏条約調印

1957年（81）1月1日，ザールラント，西ドイツに編入．1月21日，年金改革法案可決．3月25日，ローマ条約に調印．9月15日，第3回ドイツ連邦議会選挙，CDU／CSUが絶対多数獲得．10月22日，連邦首相に三選，第3次アデナウアー内閣発足（CDU/CSU，DP）へ

1958年（82）1月1日，ローマ条約発効，EECおよびユーラトム発足．9月14～15日，コロンベでド・ゴールと最初の会合．11月26日，バート・クロイツナハでド・ゴールと会合．11月27日，フルシチョフの「最後通牒」，第二次ベルリン危機

1959年（83）4月7日，大統領に立候補．6月5日，大統領立候補を断念．7月1日，リュプケが連邦大統領に選出．11月13～15日，SPD，ゴーデスベルク綱領採択

1960年（84）3月12～24日にアメリカ，続けて3月25日～4月1日に日本を訪問．5月17日，U2機撃墜事件をうけ，パリの4ヵ国東西首脳会談決裂

1961年（85）4月，訪米，ケネディ新大統領と会談．8月13日，ベルリンの壁建設．9月17日，第4回ドイツ連邦議会選挙，CDU/CSUが絶対多数を喪失．11月2日，CDU/CSUとFDPとの連立成立．11月7日，連邦首相に四選，第4次アデナウアー内閣発足（CDU/CSU，FDP）へ

1962年（86）7月2～8日，フランス訪問．9月4～9日，ド・ゴール，西独を訪問．10月22日，キューバ危機勃発．10月末，シュピーゲル事件．11月30日，シュトラウス，閣僚辞任．12月7日，翌年秋の首相辞任を公表．12月13日，第5次アデナウアー内閣発足（CDU/CSU，FDP）

アー内閣（CDU/CSU，FDP，DP）発足．9月21日，占領規約発効，高等弁務官府発足．10月7日，ドイツ民主共和国（東ドイツ）成立．10月10～14日，ドイツ労働総同盟（DGB）の創設大会．11月22日，ペータースベルク協定締結

1950年（74）5月9日，シューマン・プラン発表．6月25日，朝鮮戦争勃発．8月7日，西ドイツ，欧州審議会に加盟．8月29日，西独の防衛貢献に関する二通の覚書を米英仏に送付．9月12日，ニューヨーク米英仏三国外相会談，米国務長官アチソンが西独の再軍備を要求．10月9日，内相ハイネマン，辞任．10月20～22日，ゴスラーでCDU第1回全国党大会，21日にアデナウアーを党首に選出．10月24日，プレヴァン・プラン発表．10月26日，ブランク機関発足．12月18日，NATO理事会，スポフォード妥協案，北大西洋条約の軍事機構化へ

1951年（75）2月15日，プレヴァン・プラン交渉開始．3月6日，占領規約改正，西ドイツ，外交権回復．3月15日，ドイツ外務省再建，外相に就任．4月18日，欧州石炭鉄鋼共同体（ECSC）条約に調印．9月24日，高等弁務官府と占領規約撤廃に関する交渉開始．12月3～8日，最初の訪英

1952年（76）3月10日，スターリン・ノート．5月26日，ボンでドイツ条約に調印．5月27日，パリで欧州防衛共同体（EDC）条約に調印．7月23日，欧州石炭鉄鋼共同体発足．8月20日，SPD党首シューマッハー死去．9月10日，イスラエルおよびユダヤ人団体とルクセンブルク補償協定に調印．9月24～28日，ドルトムントでSPD党大会，党首にオレンハウアーを選出．10月23日，連邦憲法裁判所，社会主義帝国党を禁止

1953年（77）2月27日，ロンドン債務協定調印．3月5日，スターリンが死去．4月6～18日，アメリカ，カナダに初訪問．6月17日，東ドイツで民衆蜂起．9月6日，第2回ドイツ連邦議会選挙．10月7日，連邦首相に再選．10月20日，第2次アデナウアー内閣発足（CDU/CSU，FDP，DP，BHE）

1954年（78）8月30日，フランス国民議会，ＥＤＣ条約批准拒否．9月28日～10月3日，ロンドン9カ国会議．10月23日，パリ協定調印

1955年（79）2月27日，連邦議会，パリ協定を批准．5月5日，パリ協

月4日，アメリカ軍によりケルン市長に任命される．5月8日，ドイツ，無条件降伏．7月17日～8月2日，ポツダム会談．9月2日，ラインラント州キリスト教民主党の議長団に選出．10月6日，英占領当局によりケルン市長を罷免

1946年（70）1月22日，ヘアフォルトでのCDU英占領地区委員会で暫定議長に選出．3月1日，英占領地区CDUの議長に選出，ネーハイム＝ヒュステン綱領採択．3月5日，チャーチル，「鉄のカーテン」演説．7月18日，ノルトライン＝ヴェストファーレン州創設が布告．9月19日，チャーチル，チューリヒで「ヨーロッパ合衆国」演説．10月2日，ノルトライン＝ヴェストファーレン州議会のCDU議員団長に選出

1947年（71）2月3日，英占領地区CDU，アーレン綱領採択．2月5～6日，CDU/CSU作業協同体設立会議に参加，暫定幹部会メンバーに選出．3月12日，トルーマン・ドクトリン発表．6月5日，マーシャル・プラン発表．6月，英米が両占領地区の経済的統合を決定，フランクフルトに経済評議会設置．8月14～15日，英占領地区CDU第1回党大会で党首に再選

1948年（72）2月23日，米英仏とベネルクス3国，ロンドン会議を開始．2月25日，チェコスロヴァキア政変．3月3日，妻グッシーが死去．3月6日，ロンドン会議がドイツ西側占領地区の統合を決定．6月20日，西側地区で通貨改革．6月24日，ベルリン封鎖開始．7月1日，西側連合国，フランクフルト文書を州首相会議に手交．8月10～23日，ヘレンキームゼー会議，憲法素案提出．9月1日，ボンで議会評議会招集，議長に就任

1949年（73）4月4日，北大西洋条約調印．5月5日，欧州審議会規約採択．5月8日，議会評議会，基本法採択．5月12日，ベルリン封鎖終了．5月23日，基本法布告．7月，英占領地区CDU第2回党大会，「デュッセルドルフ原則」採択．8月14日，第1回ドイツ連邦議会選挙．8月21日，連立問題に関してレーンドルフのアデナウアー邸で会談．9月7日，連邦議会および連邦参議院招集．9月12日，ホイスが連邦大統領に選出．9月15日，ドイツ連邦共和国初代首相にアデナウアーが選出．9月20日，第1次アデナウ

ツィンサーと結婚．のち五子をもうける．11月4日，母ヘレーナが死去
1920年（44）6月4日，グッシーとの第1子フェルディナントが生まれるも，4日後に死去
1921年（45）5月7日，プロイセン国家評議会の議長に選出
1923年（47）1月11日，仏・ベルギー軍，ルール地方占領．1月18日，第2子パウル生まれる．10月16日，ドイツ，レンテンマルク設定，インフレ収束へ
1925年（49）4月29日，第3子シャルロッテ（ロッテ）生まれる
1926年（50）2月1日，英占領軍，ケルンから撤退．5月，首相就任要請を拒否
1928年（52）5月17日，第4子エリザベート（リベット）生まれる
1929年（53）10月3日，シュトレーゼマン外相，死去．10月24日，ニューヨーク株式市場で株価大暴落（世界恐慌の始まり）．12月17日，ケルン市長に一票差で再選
1931年（55）8月25日，第5子ゲオルク生まれる
1932年（56）7月31日，ドイツ，総選挙でナチ党が議会第1党に
1933年（57）1月30日，ヒトラーが首相就任．2月17日，ヒトラー，ケルン訪問．3月14日，ナチスによりケルン市長を罷免される．3月23日，ドイツ，議会で全権委任法可決．4月26日，ベネディクト会修道院のマリア・ラーハに滞在
1934年（58）6月30日，「レーム事件」に関連して，ゲスターポによって逮捕・拘留される．7月2日に釈放
1935年（59）4月末に家族とレーンドルフへ移るも，8月20日，ケルン行政区から追放される．10月25日，ウンケルのカトリック司祭用保養施設に家族と離れて滞在（36年4月8日まで）
1936年（60）8月，追放令解除
1937年（61）レーンドルフのツェニヒ通りに家を建て（現在のアデナウアー・ハウス），年末に入居
1939年（63）9月，ドイツ軍ポーランド侵攻（1日），英仏が独に宣戦布告（3日），第2次世界大戦へ
1944年（68）8月23日，ヒトラー暗殺未遂（7月20日）の共謀の廉でゲスターポによって家宅捜索・逮捕される．9月25日，ブラウヴァイラーの刑務所（仮収容所）に収監．11月26日，釈放，レーンドルフへ帰還
1945年（69）2月4～11日，ヤルタ会談．4月30日，ヒトラー自殺．5

アデナウアー略年譜

西暦	年齢	出来事
1871年		1月，ドイツ帝国（第二帝政）成立
1876年		1月5日，コンラート・アデナウアー，控訴審裁判所書記官である父ヨハン・コンラートと母ヘレーナの三男としてケルンに生まれる
1885年	(9)	4月，ケルンの使徒ギムナジウムに入学
1894年	(18)	3月，アビトゥーアに合格．4月，家計の都合により大学に進めず，ゼーリヒマン銀行に入社．しかし，二週間後にフライブルク大学へ進学．一期をフライブルクで学んだ後，ミュンヘン大学へ
1895年	(19)	ボン大学へ
1897年	(21)	5月22日，第1次国家試験に合格，司法官試補見習に
1901年	(25)	10月19日，第2次国家試験に合格，ケルン検察庁の司法官試補に
1903年	(27)	ケルンの弁護士ヘルマン・カウゼンの事務所に就職
1904年	(28)	1月26日，エマ・ヴァイアーと結婚，のち三子をもうける
1906年	(30)	3月7日，ケルン市の助役（税務担当）に就任．3月10日，父コンラートが死去．9月21日，長男（第1子）コンラートが生まれる
1909年	(33)	7月22日，ケルン市の首席助役および副市長に就任
1910年	(34)	9月21日，次男（第2子）マックスが生まれる
1912年	(36)	10月3日，長女（第3子）リーアが生まれる
1914年	(38)	第1次世界大戦始まる
1916年	(40)	10月6日，妻エマが死去
1917年	(41)	3月，自動車事故に遭う．9月18日，ケルン市議会の満場一致によって市長に選出．11月29日，12年任期の市長に任命される
1918年	(42)	11月7日，ケルンで労兵評議会が権力掌握．11月9日，ドイツ，共和国宣言．11月11日，ドイツ，連合国との休戦協定に調印（第1次世界大戦終結）
1919年	(43)	6月28日，連合国とドイツ，ヴェルサイユ条約調印．9月25日，ケルンの皮膚科医の娘，アウグステ（グッシー）・

板橋拓己（いたばし・たくみ）

1978（昭和53）年栃木県生まれ．2001年北海道大学法学部卒業，08年北海道大学大学院法学研究科博士後期課程修了．博士（法学）．北海道大学大学院法学研究科助教，成蹊大学法学部助教などを経て，13年より成蹊大学法学部准教授．専攻は国際政治史，ヨーロッパ政治史．

著書『中欧の模索―ドイツ・ナショナリズムの一系譜』（創文社，2010年）

編著・共著
『ヨーロッパ統合史』（名古屋大学出版会，2008年，増補版2014年）
『原典ヨーロッパ統合史―史料と解説』（名古屋大学出版会，2008年）
『複数のヨーロッパ―欧州統合史のフロンティア』（遠藤乾と共編，北海道大学出版会，2011年）
『紛争と和解の政治学』（ナカニシヤ出版，2013年）
『現代の起点 第一次世界大戦 第4巻・遺産』（岩波書店，2014年）

訳書 ジャック・ル・リデー（著）『中欧論―帝国からEUへ』（田口晃と共訳，白水社，2004年）

アデナウアー
中公新書 *2266*

2014年5月25日発行

著　者　板橋拓己
発行者　小林敬和

本文印刷　三晃印刷
カバー印刷　大熊整美堂
製　　本　小泉製本

発行所　中央公論新社
〒104-8320
東京都中央区京橋 2-8-7
電話　販売 03-3563-1431
　　　編集 03-3563-3668
URL http://www.chuko.co.jp/

Published by CHUOKORON-SHINSHA，INC.
Printed in Japan　ISBN978-4-12-102266-0 C1222

中公新書刊行のことば

いまからちょうど五世紀まえ、グーテンベルクが近代印刷術を発明したとき、書物の大量生産は潜在的可能性を獲得し、いまからちょうど一世紀まえ、世界のおもな文明国で義務教育制度が採用されたとき、書物の大量需要の潜在性が形成された。この二つの潜在性がはげしく現実化したのが現代である。

いまや、書物によって視野を拡大し、変りゆく世界に豊かに対応しようとする強い要求を私たちは抑えることができない。この要求にこたえる義務を、今日の書物は背負っている。だが、その義務は、たんに専門的知識の通俗化をはかることによって果たされるものでもなく、通俗的好奇心にうったえて、いたずらに発行部数の巨大さを誇ることによって果たされるものでもない。現代を真摯に生きようとする読者に、真に知るに価いする知識だけを選びだして提供すること、これが中公新書の最大の目標である。

私たちは、知識として錯覚しているものによってしばしば動かされ、裏切られる。私たちは、作為によってあたえられた知識のうえに生きることがあまりに多く、ゆるぎない事実を通して思索することがあまりにすくない。中公新書が、その一貫した特色として自らに課すものは、この事実のみの持つ無条件の説得力を発揮させることである。現代にあらたな意味を投げかけるべく待機している過去の歴史的事実もまた、中公新書によって数多く発掘されるであろう。

中公新書は、現代を自らの眼で見つめようとする、逞しい知的な読者の活力となることを欲している。

一九六二年一一月

R 中公新書 現代史

番号	タイトル	著者
2105	昭和天皇	古川隆久
2212	近代日本の官僚	清水唯一朗
765	日本の参謀本部	大江志乃夫
632	海軍と日本	池田清
881	後藤新平	北岡伸一
2192	政友会と民政党	井上寿一
377	満州事変	臼井勝美
1138	キメラ―満洲国の肖像（増補版）	山室信一
40	馬賊	渡辺龍策
1232	軍国日本の興亡	猪木正道
2144	昭和陸軍の軌跡（増補改版）	川田稔
76	二・二六事件	高橋正衛
2059	昭和革新派	戸部良一
1951	外務省革新派	服部龍二
1532	新版　日中戦争	広田弘毅／臼井勝美

番号	タイトル	著者
795	南京事件（増補版）	秦郁彦
84/90	太平洋戦争（上下）	児島襄
244/248	東京裁判（上下）	児島襄
1307	日本海軍の終戦工作	纐纈厚
2119	外邦図―帝国日本のアジア地図	小林茂
2015	「大日本帝国」崩壊	加藤聖文
2175	残留日本兵	林英一
2060	原爆と検閲	繁沢敦子
1459	巣鴨プリズン	小林弘忠
828	清沢洌（増補版）	北岡伸一
2171	治安維持法	中澤俊輔
1759	言論統制	佐藤卓己
1711	徳富蘇峰	米原謙
2046	内奏―天皇と政治の近現代	後藤致人
1243	石橋湛山	増田弘
2186	田中角栄	早野透
1976	大平正芳	福永文夫

番号	タイトル	著者
1574	海の友情	阿川尚之
1875	「国語」の近代史	安田敏朗
2075	歌う国民	渡辺裕
1804	戦後和解	小菅信子
1900	「慰安婦」問題とは何だったのか	大沼保昭
1990	「戦争体験」の戦後史	福間良明
1820	丸山眞男の時代	竹内洋
2237	四大公害病	政野淳子
1821	安田講堂 1968-1969	島泰三
2110	日中国交正常化	服部龍二
2137	国家と歴史	波多野澄雄
2150	近現代日本史と歴史学	成田龍一
2196	大原孫三郎―善意と戦略の経営者	兼田麗子

中公新書

現代史

f2